MAÎTRES À PENSER

20 philosophes
qui ont fait le XXe siècle

ROGER-POL DROIT

MAÎTRES À PENSER

20 philosophes qui ont fait le XXe siècle

Flammarion

ISBN : 978-2-0812-4149-7
Les ouvrages du même auteur figurent en fin de volume
(voir www.rpdroit.com pour plus d'informations)

Les illustrations de cet ouvrage ont été réalisées
par Éric Doxat.

« Les hommes qui ne pensent pas
sont comme des somnambules. »
Hannah Arendt

Introduction

Où l'on soutient que la pensée contemporaine ne peut être réservée aux experts

« Maître à penser » évoquait autrefois le guide spirituel plutôt que le philosophe – le gourou plutôt que le chercheur. Histoire ancienne, désormais, car cette expression propre à la langue française a changé de sens. Elle désigne à présent ceux que l'époque considère comme repères intellectuels majeurs, et dont l'audience devient exceptionnelle. Car le XXe siècle invente le philosophe star. En leur temps, Voltaire ou Diderot, étaient certes connus de l'Europe entière. Pourtant, leur renommée n'atteignait pas l'ampleur de celle de nos contemporains.

La communication est passée par là. Les maîtres à penser naissent avec la presse, la radio et la télévision. Henri Bergson est le premier à susciter ce mélange de rumeur mondaine, d'attention littéraire et de malentendus multiples dont sont entourés nombre de philosophes aujourd'hui. Jacques Derrida est l'un des derniers en date de ces auteurs dont les livres difficiles s'entourent d'une aura de ferveur, presque de piété. Martin Heidegger, Jean-Paul Sartre, Albert Camus,

Michel Foucault connaissent aussi cette métamorphose en personnages de fiction.

Car le maître à penser n'est pas seulement ce qu'il publie et professe. Une légende l'entoure. Son influence dépasse le cercle étroit de ceux qui ont vraiment compris ses travaux. Elle va au-delà de la sphère, déjà plus étendue, de ceux qui l'ont lu sans avoir tout saisi. Sa renommée touche ceux qui connaissent à peine son travail, mais croient malgré tout percevoir chez lui une posture singulière envers le monde.

On s'en doute, pareille métamorphose du philosophe en maître à penser est à double tranchant : nuisible et bénéfique, trompeuse et révélatrice. Une célébration bruyante permet d'évacuer aisément la puissance des œuvres, évite de prendre en compte leur contenu, exigeant et dérangeant. Il est évidemment plus facile de vénérer un maître que de déchiffrer une œuvre.

Pour ma part, je préfère les textes. C'est pourquoi, sans méconnaître leurs images publiques, ce livre s'attache à ce que ces penseurs ont pensé et publié, à leur manière de prolonger les aventures de la vérité, même s'il n'est pas inutile, pour approcher les théories, d'évoquer les hommes et de retracer leurs trajectoires.

Car ces maîtres à penser sont aussi des êtres de chair et de sang. Je le sais pour avoir poursuivi quelques discussions avec Claude Lévi-Strauss, Emmanuel Levinas, Gilles Deleuze, Louis Althusser, Michel Foucault, Jacques Derrida, Jürgen Habermas. Ils ne sont donc pas des noms sur des couvertures de livres, mais aussi des timbres de voix, des styles de regard, des manières de se tenir, d'infléchir la tête ou de serrer la main.

Raisons d'un choix

Ce livre fait suite à *Une brève histoire de la philosophie*, qui s'est efforcé, à propos d'une vingtaine de classiques de la pensée occidentale, de montrer que les philosophes « ne sont pas des extra-terrestres » : on peut comprendre ce qu'ils disent, leurs pensées sont suscitées par ce que nous vivons tous. Ce volume aurait pu s'intituler *Une brève histoire de la philosophie contemporaine.* Il poursuit un but identique : être utile, tout simplement, et fournir des points de départ, exacts et accessibles, pour aborder de grands penseurs de notre époque.

Même s'ils ont rédigé des œuvres considérables, il n'est pas déraisonnable d'esquisser, le plus clairement possible, idées marquantes, lignes de force et points de rupture. Pour le choix des noms, une part de subjectivité demeure irréductible. D'autres ensembles sont possibles et légitimes, cela va de soi.

L'essentiel reste de faire voir, à ceux qui ne sont en aucune manière spécialistes de philosophie, que les penseurs du XXe siècle ne vivent ni sur une planète inaccessible ni dans une secte au jargon obscur. Pourtant, on juge souvent impossible, à propos des contemporains, ce travail de pédagogie. Il serait aisé d'aborder Socrate ou Épicure, mais exclu d'approcher Deleuze ou Levinas. Pourtant, tous sont pareillement en quête d'idées capables d'aiguiser nos connaissances et d'éclairer nos actions. D'où vient le décalage ?

Autre philosophie, autre monde

Il s'explique par le fait que plusieurs aspects de la philosophie, et surtout du monde, se sont transformés.

Depuis la fin du XVIIIe siècle, les philosophes sont devenus professeurs, et la philosophie discipline universitaire, avec ses normes, ses règles de travail, ses examens, ses cursus, ses diplômes, etc. En étant académique, elle s'est alourdie. La mutation en un champ de publications savantes, de carrières, de pouvoirs et de clientélisme a modifié son discours.

Des phénomènes identiques existaient dans les institutions de l'Antiquité. Les rivalités pour parvenir à la tête de l'Académie ou du Lycée – écoles respectives de Platon et d'Aristote –, mobilisaient les ambitions des professeurs. Mais, à côté des salles de cours et des bibliothèques, existaient encore des kyrielles de philosophes sauvages, des chercheurs de sagesse en plein vent. En se repliant sur le seul monde universitaire, la philosophie a vu se compliquer son vocabulaire et se modifier son image.

Ce n'est pas, et de loin, le seul motif d'une plus grande complexité, réelle ou supposée, de la pensée contemporaine. Car ce n'est pas la philosophie qui a changé le plus, c'est le monde : bouleversements scientifiques, révolutions techniques, guerres et totalitarismes se répercutent intensément sur les pensées du XXe siècle.

Les sciences sont totalement émancipées de la tutelle philosophique. Au XIXe siècle, pour désigner la biologie, on parlait encore de « philosophie naturelle ». Chacun sait qu'à l'Âge classique, Descartes, Spinoza ou Leibniz sont mathématiciens, physiciens et chimistes, et même biologistes ou géologues, autant que philosophes. Être scientifique sans être du tout philosophe, ou inversement, cela n'appartient qu'au paysage contemporain.

L'expansion des connaissances – physique quantique, biologie moléculaire, astrophysique... – ne pouvait être sans conséquence sur la philosophie. Elle se trouve attirée, voire emportée, dans le courant des sciences. Pour certains penseurs contemporains, il n'existe plus de philosophie que sur le modèle de la connaissance scientifique. Vérité philosophique et vérité mathématique doivent se superposer, et même se confondre. Pour d'autres, au contraire, la tâche centrale de la philosophie est de résister à l'emprise des sciences et à leur impérialisme. Dans tous les cas, c'est par rapport aux sciences que la philosophie, désormais, se définit.

L'explosion de la technique n'est pas moins décisive, avec tout ce qu'elle modifie dans les relations sociales, la vie quotidienne, l'environnement, la structure des pouvoirs et du travail. Là aussi, de fortes oppositions existent entre ceux qui pensent la technique de manière positive, pour mieux l'utiliser, et ceux qui pensent *contre* la technique, n'y voyant qu'un dispositif destructeur ayant échappé à tout contrôle.

Des idées et des bombes

Enfin, chacun sait que le XXe siècle est traversé de guerres et de massacres à une échelle jusqu'alors inconnue dans l'histoire de l'humanité. Or ces guerres se trouvent liées à la civilisation elle-même – ce qui est pour la philosophie la leçon la plus cruelle. S'effondre en effet l'idée que la culture apporte la paix. Du siècle des Lumières à celui des sciences et de l'industrie, on avait cru qu'un peuple développant les savoirs, les arts et les techniques accédait à un progrès humain, moral, social et politique.

Le grand espoir était là : plus les hommes devenaient savants, plus ils devenaient civilisés. Cultivés, ils étaient pacifiés. Cette conviction est emportée par la Première Guerre mondiale : l'Europe s'autodétruit dans les tranchées, au prix de millions de morts, alors même qu'elle était considérée comme la plus civilisée, la plus cultivée, la plus savante, la plus philosophique de toutes les régions du monde.

La montée du nazisme, la Seconde Guerre mondiale et la Shoah ont confirmé qu'être cultivé n'empêchait pas la barbarie. C'est le peuple le plus philosophique d'Europe – celui de Kant, de Hegel, de Schelling, de Feuerbach, de Schopenhauer, de Nietzsche, de tant d'autres – qui favorisa l'inhumanité et la déraison. La pensée contemporaine doit donc se confronter à ce problème nouveau : la raison peut-elle comprendre sa propre impuissance ? Peut-elle admettre de ne pouvoir empêcher le pire ? Ou d'avoir, peut-être, avec la destruction une obscure connivence ?

De quelque côté qu'on se tourne, ce sont des paysages de ruines : il ne reste rien, ou presque, des espoirs d'autrefois, des valeurs anciennes, des règles paraissant acquises. Tout se trouve démantelé ou bouleversé. Les sciences conquièrent sans cesse de nouveaux domaines. Les techniques élaborent en permanence de nouveaux pouvoirs. Les totalitarismes et les massacres de masse ruinent le politique et l'éthique.

Dans ce tourbillon, l'idée même de vérité se trouve mise à mal, tirée dans des sens différents. Les « aventures de la vérité » – dont *Une brève histoire de la philosophie* a esquissé les principaux moments dans la pensée occidentale – se poursuivent en s'intensifiant. Autour d'une tension majeure entre deux tendances antagonistes.

D'un côté, la vérité est considérée comme formulable et démontrable. Dans certains cas, elle est accessible. Dans certains domaines restreints, il est toujours possible, légitime et fructueux de poursuivre sa recherche. On trouve sur ce versant les philosophies des sciences et des mathématiques, les pensées de la logique et de la démonstration. La philosophie analytique en est issue – née à Vienne, elle s'est répandue ensuite dans le monde anglo-saxon.

Sur le versant opposé, l'horizon même d'une recherche de la vérité semble abandonné. Il ne s'agit, comme disait Nietzsche, que d'une illusion. Cette critique de l'idée de vérité s'est développée jusqu'à tenter de dissoudre la notion elle-même, la transformant en archaïsme, la considérant comme une erreur ancienne. La vérité serait à soupçonner plutôt qu'à chercher, à déconstruire plutôt qu'à élaborer.

L'étonnement et l'explication

Au cœur de ces mutations, la puissance de l'étonnement persiste. Au cœur du geste philosophique chez Platon ou Aristote, elle demeure au XXe siècle. « Pourquoi les choses sont-elles de cette manière ? » On retrouve la question, sous mille formes, au sein de la pensée contemporaine. Hannah Arendt s'étonne, en suivant son procès à Jérusalem, de la « banalité » du nazi Eichmann. Cet homme monstrueux ? Un monsieur tout-le-monde, d'une affligeante et très normale insignifiance. Ce contraste suscite l'étonnement, donc la réflexion.

Car jamais ne s'efface l'obstination de penser. Devant l'absurdité du monde, la réflexion ne démissionne pas. Les philosophes toujours tentent de comprendre – même nos erreurs, nos impasses et nos horreurs. Dans le plus désolé des paysages, dans la pire des situations, la philosophie maintient le désir de savoir.

Enfin, par temps de détresse et d'expertises généralisées, les philosophes ne peuvent refuser de se faire entendre. Jean-Toussaint Desanti insistait sur le fait que le philosophe ne peut pas agir comme le spécialiste – mathématicien ou chimiste. Ce dernier peut refuser de répondre aux questions du profane, dire que son travail est trop compliqué, trop technique. Il existe au contraire une nécessité impérieuse, pour le philosophe, de pouvoir expliquer ce qu'il fait à ceux qui travaillent ailleurs.

Cette exigence de traduire les idées, même les plus complexes, « dans le langage de tous », comme dit Bergson, ne doit pas quitter la pensée contemporaine. Sa mise en œuvre est certes difficile, parfois sa faisabilité contestée. Cette nécessité perdure malgré tout, comme un trait constant de la philosophie.

J'ai consacré une partie de mon temps, au long de ma vie, à ce travail de transmission, de diffusion et de pédagogie. Car une des tâches importantes des intellectuels est d'expliquer – leurs propres idées, celles des autres, les enjeux et lignes de force qui traversent l'histoire. Travail souvent négligé ces derniers temps. Mais indispensable.

Première partie

RETOUR AUX EXPÉRIENCES

Dans ce qui est sous nos yeux, qu'est-ce qui échappe ? Qu'est-ce que nous n'avons *pas encore* vu ? Nous sommes accoutumés au monde, aux choses, à nous-mêmes, à nos perceptions, nos désirs et nos phrases… Pourtant nous soupçonnons qu'au cœur de cette familiarité des éléments essentiels demeurent inaperçus ou incompris. Mais quoi ? Comment les repérer ? Comment discerner ce que rate le regard, ce que la connaissance ignore ?

En un sens, ces questions ont habité continûment la philosophie. Toutefois, elles prennent une vigueur nouvelle – et un sens inhabituel – à la charnière du XIXe et du XXe siècle. Tant de sciences se sont développées, codifiées et étendues. Tant de disciplines ont progressé. Tant de connaissances se sont accumulées, dans une multitude de domaines. Trop, sans doute. On peut avoir le sentiment d'un labyrinthe sans fin, d'une prolifération désaxée. Comme s'il manquait un socle, un fondement, quelques évidences premières.

Le XXe siècle cherche des certitudes inaugurales là où on ne les aperçoit guère. Il traque les évidences omises, les expériences que tout le monde partage sans que personne les pense. La vérité est à portée de main, à condition de regarder autrement, de prêter attention au laissé pour compte. Il suffit de changer radicalement de perspective pour voir surgir, du sein des expériences les plus communes, des trésors insoupçonnés.

Telle est la conviction commune aux trois philosophes dissemblables qui ouvrent ce parcours. Ce qui les rapproche : la conviction que chacun d'entre nous fait, sans comprendre, l'expérience de l'essentiel. Le travail du penseur ne consiste nullement à créer cette expérience, mais à la rendre visible. Il s'agit de prêter attention – de façon soutenue, méthodique, obstinée – à ce que cette expérience bien connue renferme de central et, peut-être, de tout à fait déconcertant.

Ainsi voit-on Henri Bergson revenir à notre expérience intime de la durée, à la manière dont notre conscience vit le temps. Ce dernier diffère grandement de la manière dont notre raison le conçoit, le mesure et le calcule. En fait, dans le retour de Bergson à cette « donnée immédiate de la conscience » se joue bien plus qu'une nouvelle problématique. Pour la philosophie, il s'agit de reconsidérer le rôle de la raison. Loin d'être seule détentrice et seule garante de l'idée de vérité, la raison pourrait bien être, dans certains cas, ce qui la masque, la déforme ou en barre l'accès.

Avec William James, penseur crucial pour comprendre l'évolution de la philosophie au XXe siècle, la relation à l'expérience est plus décisive encore. Car, en rénovant et en réhabilitant une attitude philosophique ancienne pour fonder cette doctrine moderne qu'il nomme « pragmatisme », William James fait de l'expérience elle-même le critère et l'indice de la vérité. Une question dont l'élucidation ne change rien dans l'existence de qui que ce soit est à ses yeux absolument sans intérêt. Là aussi, la philosophie se trouve soumise à rude épreuve.

Avec Freud, ce sont les expériences négligées – celles du rêve, des oublis, des lapsus, des symptômes névrotiques – qui ouvrent la voie à l'approche d'une pensée inconsciente, qui échappe à celui qui la pense. Un paradoxe, déjà présent chez Bergson et James, est ici porté à son comble, puisque la raison chez Freud se donne pour but d'explorer méthodiquement l'irrationnel. Une forme de connaissance scientifique de l'imaginaire et du désir devient envisageable.

Là se trouve un des mouvements inauguraux de la pensée contemporaine : les méthodes de la science sont en partie retournées contre elle-même, la raison critique les limites et les excès de la rationalité, l'expérience fait découvrir des paysages inconnus dans le monde le plus familier.

• NOM : *BERGSON*

• LIEUX ET MILIEUX

Né dans une famille juive bourgeoise, d'un père pianiste polonais et d'une mère britannique, Bergson a choisi la France et a vécu pratiquement toute sa vie à Paris, en connaissant une notoriété incomparable.

• **10** DATES

1859 Naissance à Paris, le 18 octobre.
1878 Entre à l'École normale supérieure.
1889 Publie *Essai sur les données immédiates de la conscience.*
1896 Publie *Matière et mémoire.*
1900 Élu professeur au Collège de France.
1907 Publie *L'Évolution créatrice.*
1914 Élu à l'Académie française (où il sera reçu en 1918).
1928 Reçoit le prix Nobel de littérature.
1932 Publie *Les Deux Sources de la morale et de la religion.*
1941 Meurt à Paris, le 4 janvier.

• SA CONCEPTION DE LA VÉRITÉ

La vérité, pour Bergson :
se découvre par l'expérience vécue et l'intuition,
est accessible, à condition de se défaire des représentations déformantes,
se dérobe à l'expression par les mots.

• UNE PHRASE CLÉ

« Je m'aperçus, à mon grand étonnement, que le temps scientifique ne *dure* pas, qu'il n'y aurait rien à changer à notre connaissance scientifique des choses si la totalité du réel était déployée tout d'un coup dans l'instantané, et que la science positive consiste essentiellement dans l'élimination de la durée. » (Lettre à William James, 1908)

• SA PLACE DANS LA PENSÉE CONTEMPORAINE

Très singulière, car elle peut paraître aussi bien décisive que marginale. Bergson en effet n'a pas construit de système et n'a pas eu de disciples, bien que sa notoriété et son influence aient été immenses. Après un temps de relatif oubli, il est actuellement redécouvert et considéré différemment par une nouvelle génération de philosophes.

Chapitre premier

Où Henri Bergson doit attendre, comme tout le monde, que le sucre fonde

Ce jour-là, le XXe siècle n'est pas encore au calendrier. Pourtant, du point de vue de la philosophie, il débute effectivement le 27 décembre 1889, quand un jeune homme qui vient d'avoir juste trente ans soutient sa thèse en Sorbonne. Normalien, agrégé, il est professeur à Paris, depuis peu, aux lycées Louis-le-Grand et Henri-IV. Auparavant, de 1883 à 1888, il a enseigné au lycée Blaise-Pascal de Clermont-Ferrand.

En ces derniers jours de 1889, avec son *Essai sur les données immédiates de la conscience*, Henri Bergson ne sait pas encore qu'il entre dans l'histoire, que bientôt son nom sera célèbre. Mais il espère bien, même s'il ne l'exprime qu'à moitié, modifier radicalement le paysage intellectuel, et la conception même de la vérité. Telle est son ambition. En la réalisant, il signe sa première réussite. Elle est éclatante.

Contre une philosophie jugée desséchée, Bergson fait retour au vécu. Il s'efforce d'approcher la fluidité de l'expérience intime. Il cherche une forme de contact intégral avec la réalité, une expérience de pensée débarrassée de tous les intermédiaires trompeurs. Il met l'accent sur ce que notre vie psychique a de continuellement mobile. La vérité n'est jamais dans le figé, le fixe, l'immuable, le stagnant. Elle est création, invention, surgissement, avènement de ce qui paraît, juste avant, impossible ou incroyable. Tel est le premier, le plus essentiel, des enseignements de Bergson : au commencement est la nouveauté, le perpétuel changement – et ce commencement ne cesse pas ! Ce n'est pas un simple début dont on s'éloigne à mesure que le temps passe. Au contraire, ce commencement est toujours présent, toujours actif. Il génère *incessamment* du neuf.

Et du net. Bergson privilégie une absolue simplicité du regard. Et la phrase suit, limpide et lisse. De tous les philosophes, c'est lui qui demeure le plus éloigné des vocables artificiels et des contorsions linguistiques. Ses contemporains ne se trompent pas sur cette netteté de pensée et d'expression. « Dans Bergson, rien qui sente le vieux fond de boutique ou le bric-à-brac », dira William James. Charles Péguy, de son côté, le considère comme « l'homme qui a réintroduit la vie spirituelle dans le monde ».

Ceci ne signifie nullement qu'il soit toujours aisé à comprendre ! Limpide dans son expression, Bergson demeure difficile dans son propos. Il parle clair, sa prose est veloutée. Mais ce qu'il dit reste ardu à saisir. Car, justement, il ne s'agit pas de « saisir » ! Les concepts sont faits, normalement, pour agripper et enserrer des phénomènes dissemblables : étymologiquement, « con-cept » renvoie à l'idée de « prendre ensemble ». Bergson tente un autre geste.

Ce n'est donc pas à proprement parler une « nouveauté conceptuelle » qu'apporte, en 1889, les *Données immédiates de la conscience*. On y chercherait en vain des outils intellectuels plus efficaces pour enserrer la réalité, pour mieux la classer ou la manipuler. Au contraire, il s'agit d'en retrouver la fluidité.

La découverte de la durée

Ce singulier philosophe invite à éprouver pleinement le mouvement même de la vie en nous, sa pure mobilité. Ou encore – pour dire en d'autres termes la même réalité – il cherche à retrouver le caractère mouvant de la vie et de la conscience, leurs interpénétrations (nous vivons à la fois dans le présent, dans le souvenir et dans l'anticipation) et leur permanente création. Cette découverte des évidences perdues est affaire d'expérience directe, d'intuition, d'attention subtile à l'intériorité – jamais de pure théorie.

Ce que Bergson découvre ainsi, et qu'il invite chaque lecteur à éprouver pour sa part, c'est la « durée ». Rien à voir avec le temps des horloges, fait d'une succession uniforme d'instants égaux. Dans ce temps objectif, on peut mesurer des écarts exacts (le vainqueur du 100 mètres haies est à 7 centièmes de seconde du record du monde), on peut calculer des distances précises (à cette vitesse, le train arrivera à destination dans 12 minutes 33 secondes). En fait, si on regarde bien, on verra que ce temps uniforme et calculable n'est que de… l'espace ! Rien ne l'en différencie : nous le représentons par une droite, des segments, nous affectons des nombres à ces longueurs. Et nous perdons de vue la nature propre du temps.

En pensant le temps sur le modèle spatial, nous ratons l'essentiel : la durée. Elle représente notre vécu temporel, très différent du temps uniforme et constant des horloges et des séquences calculables. En fait, comme chacun le sait d'expérience, le temps subjectif accélère ou ralentit – selon nos émotions, notre excitation, notre ennui. « On ne voit pas le temps passer » – ou bien, à l'inverse, il semble s'arrêter, devenir « interminable ».

Ce mouvement intérieur et vécu se caractérise toujours par l'*attente* : nous ne pouvons nous transporter réellement dans le moment suivant. Du point de vue mathématique, que l'autobus arrive dans trois secondes ou dans trois heures, ce n'est qu'un changement d'unités, qui n'engendre aucune conséquence notable. Au contraire, dans la réalité de la durée, du temps éprouvé et traversé, le monde où l'autobus arrive au bout de trois heures est tout différent de celui où il arrive en trois secondes.

« Il faut attendre que le sucre fonde », disait Bergson. Par la pensée, je peux imaginer que c'est déjà fait. Dans la réalité, je dois traverser la durée, sans pouvoir faire l'économie de l'attente. Nul ne saute par-dessus le temps, sauf dans les rêves et les contes de fées. Attendre la dissolution du sucre, tout comme l'arrivée de l'autobus, c'est constater que le mouvement temporel – qui anime du dedans la réalité que nous vivons – ne peut être supprimé, ni contourné, ni surmonté d'aucune façon.

Cette durée que la conscience habite est le domaine des intensités et non des quantités. Je peux éprouver plus ou moins de joie ou de tristesse, mais ce plus et ce moins ne désigne rien de quantitatif. Qui pourrait dire « je suis aujourd'hui 3,4 fois plus heureux que la semaine dernière » ou, à l'inverse, « 2,7 fois plus triste » ? Le vécu est intensif, il n'est pas mesurable comme l'espace.

La distinction entre espace et durée est la découverte dont Bergson ne cesse de repartir. À tel point qu'on a pu dire que « l'intuition de la durée » est la « voie royale » de sa pensée. « Cette durée, que la science élimine, qu'il est difficile de concevoir et d'exprimer, on la sent et on la vit », souligne le philosophe dans *La Pensée et le Mouvant,* son dernier recueil d'études (1934).

Tout l'effort de Bergson consiste à réfléchir dans le sillage de la durée, à penser au sein de ce qui se meut en nous de vivant, à tenter de ne pas faire interférer des conceptions déformantes. Il s'applique ainsi à faire sortir les questions, et la manière même de les poser, du cadre statique qui est habituellement en place. Somme toute, il s'emploie à rendre la pensée à la surprise, à l'émergence possible de l'imprévisible. Voilà qui peut déranger, voire désarçonner. Bergson ne l'ignore pas : « La vérité est que la philosophie n'a jamais franchement admis cette création continue d'imprévisible nouveauté. »

Une cohérence sans système

De cent façons, Bergson met l'accent sur la nouveauté : dans l'histoire, dans la pensée, dans la vie. Une phrase de *L'Évolution créatrice* l'exprime plus nettement que partout ailleurs : « Le temps est l'invention du nouveau ou n'est rien du tout. » Gilles Deleuze, qui a contribué à faire redécouvrir l'œuvre de Bergson, y voit « un véritable chant en l'honneur du nouveau, de l'imprévisible, de l'invention, de la liberté ».

Gilles Deleuze est à mille lieues du spiritualisme bon teint que l'on associe souvent à Bergson. Malgré tout, à ses yeux, Bergson a transformé profondément l'orientation de la philosophie. Avec lui, elle cesse d'être obsédée par l'éternité et le toujours identique à soi. Elle s'ouvre au fluide, à l'éphémère, à la nouveauté « en train de se faire ». Car il ne s'agit pas de s'intéresser à « la nouveauté en général » – ce qui ne serait encore qu'un concept vide –, mais bien de devenir attentif à tout ce qui surgit de la vie, et se meut dans la durée.

Qu'il s'agisse de la relation du corps à l'esprit (*Matière et mémoire*, 1896), de la puissance du vivant (*L'Évolution créatrice*, 1907), de la mystique (*Les Deux Sources de la morale et de la religion*, 1932), chacun des ouvrages de Bergson provient de cette expérience de l'intériorité. Pourtant, ce philosophe ne construit pas de système : il y voit une maladie de la philosophie, un amoindrissement de la pensée. Il prétend traiter, à chaque livre, un sujet nouveau.

Chaque question nécessite pour lui une enquête spécifique, longue et minutieuse, qui finit par générer sa propre méthode. Du coup, chacun des quatre grands livres de Bergson se veut indépendant des autres. Il n'y aurait ni cumul, ni retour, ni report possibles d'un ouvrage à l'autre. La nouveauté s'applique au cheminement de l'œuvre elle-même. Pourtant, l'ensemble possède une unité. À défaut d'une architecture unifiée ou d'un système, il existe une cohérence de l'ensemble. S'il n'y a pas de bergsonisme, il y a un Bergson, et non plusieurs.

À quoi le reconnaît-on ? La question paraît simple, elle est en fait d'une belle complexité. Plus qu'un style ou une attitude, sans doute est-ce avant tout une méthode singulière que désigne le nom de Bergson. Sa particularité : elle s'emploie à défaire les constructions habituelles. À chaque enquête, Bergson démonte les représentations habituellement admises. Pour approcher l'expérience nue, il faut écarter ce qui la déforme et en fausse la perception. Le premier versant est donc négatif. Mais c'est pour mieux revenir aux faits, aux données, à l'expérience intime que le philosophe s'emploie à écarter ce qui fait écran.

Cette démarche est toujours à double face. Par sa précision, elle évoque la rigueur scientifique. Bergson ne cesse de se réclamer de l'expérience concrète, de la discrimination logique. Sa volonté constante est de se mettre à l'école des faits, de ne pas s'éloigner de ce qu'enseigne directement la réalité. Malgré tout, une fois mis à l'écart les représentations fabriquées et les artifices intellectuels, la réalité qui s'éprouve – durée, élan vital – a bien quelque chose de plus spirituel que de froidement scientifique. Le résultat de l'enquête peut même paraître plus mystique que rationaliste.

C'est là, sans doute, son paradoxe central : en traitant de la métaphysique avec un esprit emprunté aux sciences, il retourne les armes du positivisme contre lui-même. S'annonçant objectif, le parcours débouche, une fois critiquées les représentations communes, sur des conséquences inédites, et apparemment imprévisibles.

Cette double face explique, au moins en partie, l'immense succès que rencontre son œuvre de son vivant. Les positivistes croient qu'il est des leurs – et en un sens c'est le cas. Les religieux reconnaissent en lui un philosophe à leur convenance – et, en un autre sens, c'est bien le cas aussi ! À la faveur de cette ambiguïté constitutive, la gloire de Bergson peut être soudaine et intense.

La gloire foudroyante

Au début du siècle, le Collège de France devient, certains jours, le lieu le plus couru de Paris. Les femmes du monde dépêchent leurs valets de chambre pour garder une place, les voitures en grand équipage se pressent à l'entrée de la vénérable institution, comme un soir de première à l'Opéra. Certains auditeurs s'assurent un siège en venant suivre le cours d'avant, un enseignement de mathématiques qui n'a jamais rêvé pareille affluence... Pour ceux qui ne tiennent pas dans l'amphithéâtre, ni même sur le rebord des fenêtres, on laisse les portes ouvertes. Ils écoutent, debout, de loin, le filet de voix du maître. Henri Bergson, ces années-là, incarne la pensée vivante.

Toute la culture française, et une large partie de l'Europe, se passionnent pour ce philosophe rigoureux, exigeant, que rien, en apparence, ne destine à susciter pareil engouement. Depuis l'enfance, certes, il collectionne les prix. Mais à son extrême politesse, héritée de son éducation plus britannique que française, se combine une réelle modestie personnelle. Tant de tapage le gêne souvent.

Car les poètes symbolistes le reconnaissent presque pour penseur officiel. Les peintres cubistes vont bientôt en faire autant. Charles Péguy voit en lui le libérateur des dogmes, Albert Sorel le peint en révolutionnaire. Les catholiques sont partagés, les uns hostiles, d'autres enthousiastes. Mais il devient évident pour tous, en tous lieux, que cette philosophie est véritablement celle de l'époque.

Il a fallu trois siècles pour façonner la statue de Descartes et construire son mythe de philosophe incarnant l'esprit français. La notoriété de Bergson est au contraire soudaine, immense et brève. Sa fulgurance peut s'expliquer par les tensions qui la précèdent. Dans la décennie 1880, le scientisme de Hippolyte Taine et d'Ernest Renan bat de l'aile. Un renouveau de la métaphysique s'esquisse. Paul Bourget annonce même la « banqueroute finale de la connaissance scientifique ».

Premier « effet Bergson » : traverser cette querelle de biais. On l'a dit, le philosophe semble se situer des deux côtés à la fois : il applique aux questions métaphysiques la démarche expérimentale. Chacun des camps peut se réclamer de lui. Une deuxième étape est franchie par la transformation de sa pensée en « philosophie d'aujourd'hui ». Avec les symbolistes, avec Sorel, avec Péguy, se construit un bergsonisme à facettes où se mêlent vitalisme et culte de l'énergie, souci spirituel et défiance envers le dessèchement de la raison.

Pareille configuration résulte évidemment de trahisons et de fidélités mêlées. Quoi qu'il en soit, pendant une dizaine d'années, tant de débats opposent intuition et intelligence, temps et durée, mécanique et vivant qu'on a le sentiment que nul ne peut plus échapper à Bergson. Pas même l'antisémite Léon Daudet, qu'irrite ce « petit juif tarabiscoté ».

En 1928, quand Bergson reçoit le prix Nobel, le paysage est tout différent. Consacré, partout enseigné, le penseur, devenu classique, semble déjà appartenir au passé. On ne se querelle plus à son sujet. Le consensus règne, à l'exception des attaques féroces des communistes, en particulier Paul Nizan et Georges Politzer.

Un rôle politique oublié

Il existe en ce temps-là un autre Bergson, aujourd'hui bien oublié : le politique. Et pas en amateur, car c'est au plus haut niveau, on l'ignore souvent, que Bergson a joué un rôle sur la scène internationale.

En 1917, Aristide Briand lui confie pour mission de nouer un contact personnel avec Woodrow Wilson, président des États-Unis, afin de le convaincre d'entrer en guerre contre l'Allemagne aux côtés des Alliés. Pourquoi Bergson ? Parce qu'il est célèbre ? Parce qu'il est patriote ? Parce qu'il parle un anglais presque parfait ? Cela ne suffit pas.

C'est en tant que philosophe qu'il doit gagner la confiance de Wilson, en confortant le président dans l'image idéale qu'il a de lui-même. Il s'agit de le convaincre du soutien français et, surtout, de l'adhésion des Alliés à sa conception d'une « paix sans vainqueurs ». Le succès de la mission de Bergson est total. C'est en partie grâce à l'auteur des *Données immédiates de la conscience* que l'Histoire, qui chemine jusqu'alors d'Europe en Amérique, se met à tourner dans l'autre sens.

Seconde mission : Brest-Litovsk, où se conclut le retrait de la Russie révolutionnaire du conflit mondial. Le rôle de Bergson, cette fois, est plus modeste. Mais il se trouve de nouveau au premier plan de l'action politique avec la création, de 1922 à 1925, à la demande de la Société des nations, du Centre international de coopération intellectuelle. On voit alors Bergson chercher des crédits, inventer des programmes, convaincre des hommes d'État, rassembler des scientifiques (Einstein, Marie Curie, entre autres !), animer les réunions, inventorier les besoins.

« Il est tombé un bolide dans ma vie, dira-t-il plus tard, qui était organisée de telle sorte qu'il n'y avait pas place pour une épingle. » Le moins qu'on puisse dire est que le pilote s'en est bien sorti : on doit au succès de cette première institution culturelle internationale la création, en 1946, dans un autre contexte, de l'UNESCO. Si, aujourd'hui encore, le siège de cette organisation culturelle du système de l'ONU se trouve à Paris, et si la présence de l'esprit philosophique ne s'y est jamais totalement effacée, c'est à l'impulsion initiale donnée par Bergson qu'on le doit.

La dernière leçon

Ce penseur parmi les plus illustres et les plus honorés de ce siècle, comblé de titres et d'honneurs – Collège de France, prix Nobel, Académie française, décorations à foison – a bien embarrassé le gouvernement de Vichy : il était juif et patriote. On lui a proposé d'échanger sa Légion d'honneur contre ce titre extraordinaire : « Aryen d'honneur »... Le philosophe a décliné l'offre, comme d'ailleurs toute forme de privilège ou de passe-droit. Au point de manquer de charbon dans sa très bourgeoise demeure parisienne, ce mois de janvier 1941, et d'attraper, à quatre-vingt-deux ans, une congestion pulmonaire. Vint le coma.

Voici ce que rapporte la presse : « Ceux qui entouraient son agonie avaient le sentiment que sa fin était proche, quand tout à coup l'illustre philosophe se mit à parler. Il fit un cours de philosophie, pendant une heure. Il prononçait très distinctement les mots. Ses phrases étaient claires. Sa lucidité bouleversait ceux qui l'écoutaient. Et puis : "Messieurs, dit-il, il est cinq heures. Le cours est terminé." Et il expira. » Qu'a-t-il dit, dans cette leçon terminale ? Personne, apparemment, ne l'a noté ni retenu. Le philosophe Léon Brunschvicg a publié des souvenirs convergents, à quelques détails près : « La dernière nuit, il se croyait au Collège de France ; il faisait son cours. Il dit : "Il est cinq heures, il faut que je m'arrête", et il mourut. »

Bergson à l'agonie, s'il a réellement prononcé ce cours fantôme, s'est-il cru au Collège de France ? Ou bien au lycée de Clermont-Ferrand ? Où encore à celui d'Angers, où il prit son premier poste ? Fit-il entendre, comme à l'accoutumée, des phrases fluides et incisives, retrouvant un moment final d'apaisement, une promenade ultime et sereine ? Il avait décrit, avec cette souplesse ronde qui signale son style, les derniers pas de Félix Ravaisson : « C'est entre ces hautes pensées et ces gracieuses images, comme le long d'une allée bordée d'arbres superbes et de fleurs odoriférantes, qu'il chemina jusqu'au dernier moment, insoucieux de la nuit qui venait, uniquement préoccupé de bien regarder en face, au ras de l'horizon, le soleil qui laissait mieux voir sa forme dans l'adoucissement de sa lumière. » En fut-il ainsi pour lui, cette nuit-là ?

Ou bien, sous l'habituelle clarté des phrases, son esprit fut-il étreint par l'horreur qui balayait l'Europe, par l'humiliation qu'il venait de subir en allant, soutenu par des infirmiers, se déclarer comme juif à la police française, par le désespoir qu'engendre la barbarie triomphante ? On ne le saura jamais : la biographie a ses limites.

Parce qu'il déteste l'idée qu'on fouille dans son existence, Bergson laisse des instructions fort précises. Le philosophe ne fait pas seulement détruire ses notes de cours, ses papiers personnels, la plus grande partie de sa correspondance, il interdit par testament toute publication posthume. Son œuvre seule, telle qu'il l'a lui-même relue et approuvée, doit parler pour lui. En outre, pour mieux dissuader ses biographes, il dicte cette note sans ambiguïté, où les mots soulignés le sont à sa demande : « Insister toujours sur le fait que j'ai toujours demandé qu'on ne s'occupe pas de ma *vie*, qu'on ne s'occupe que de mes *travaux*. J'ai invariablement soutenu que la vie d'un philosophe ne jette aucune lumière sur sa doctrine et ne regarde pas le public. J'ai horreur de cette publicité, en ce qui me concerne, et je regretterais à jamais d'avoir publié des travaux si cette publication devait m'attirer cette publicité. »

La gloire aidant, la postérité insistant, toutes ces proclamations sont devenues lettre morte. On écrit la biographie de Bergson, on édite sa correspondance, on publie les cahiers de cours de ses étudiants, ses notes personnelles… Au mépris de ses volontés, mais aussi sans apprendre grand-chose de plus. Ses livres se suffisent. Ils sont assez aboutis pour n'être pas modifiés par la connaissance de ce qui les précède ou les accompagne.

Ce qui compte, finalement, c'est avant tout l'expérience de la lecture de Bergson que chacun peut faire, pour son compte, à l'instant. Le fait que rien ne remplace adéquatement cette rencontre effective est fidèle à l'axe directeur de sa pensée. Bergson est de ces maîtres qui obligent à se mettre par soi-même en mouvement.

De Bergson, que lire en premier ?

Au lieu, comme on le fait souvent, d'aborder l'œuvre de Bergson par son petit livre intitulé *Le Rire* – intéressant, classique en son genre, mais marginal par rapport à l'essentiel de l'œuvre –, on peut y entrer directement par la première étude, l'*Essai sur les données immédiates de la conscience*, en s'aidant si besoin est d'une bonne édition annotée, la nouvelle édition dans la collection « Quadrige » des PUF.

Et ensuite ?

On peut poursuivre en lisant *Matière et mémoire* et *Les Deux Sources de la morale et de la religion.*

Sur Bergson, que lire pour aller plus loin ?

Toutes les œuvres principales de Bergson ont été récemment rééditées dans une nouvelle présentation, au format de poche, avec des introductions et des notes sous la responsabilité de Frédéric Worms (PUF). On ne saurait trop recommander cette édition.

Parmi les analyses de sa pensée, on peut lire :

Gilles Deleuze, *Le Bergsonisme* (PUF, « Quadrige », 2004).

Vladimir Jankélévitch, *Henri Bergson* (« Quadrige », 1999).

Jean-Louis Vieillard Baron, *Bergson* (PUF, « Que sais-je ? », 2007).

Frédéric Worms, *Bergson ou les deux sens de la vie* (PUF, 2004).

☜ *Avec Bergson, pour rencontrer la vérité de l'expérience, il faut écarter les fausses représentations et les concepts déformants et s'immerger dans le mouvement de la vie.*

☞ *Avec William James et ce qu'il nomme le « pragmatisme », la vérité se définit aussi à partir de l'expérience, mais de manière différente : est vrai ce qui fonctionne. Qu'est-ce que cela signifie au juste ?*

• NOM : *WILLIAM JAMES*

• LIEUX ET MILIEUX

Frère du romancier Henry James, William James reçut une éducation princière dans une riche famille américaine d'origine irlandaise et passa une large partie de sa vie en voyage, tout en écrivant et en enseignant.

• 11 DATES

1842 Naissance à New York.
1855-66 Voyages multiples en Europe et au Brésil.
1869 Doctorat en médecine à Harvard.
1876 Fonde le laboratoire de psychophysique de l'Université de Harvard.
1890 Publie *The Principles of Psychology.*
1895 Chaire de philosophie à Harvard.
1895-98 Voyages en Europe.
1000 Professeur à Stanford.
1906 Conférences à Columbia : *What Pragmatism Means*.
1910 Meurt le 26 août dans sa maison de campagne.

• SA CONCEPTION DE LA VÉRITÉ

La vérité pour William James :
est une croyance vérifiée par l'expérience,
se trouve liée à sa valeur pratique,
est donc relative à ses effets ou conséquences et ne possède pas de valeur intrinsèque.

• UNE PHRASE-CLÉ.

« Un homme sans philosophie est le plus défavorable et le plus stérile de tous les compagnons possibles. »

• SA PLACE DANS LA PENSÉE CONTEMPORAINE.

Très estimé de son vivant, William James a sombré dans un relatif oubli, avant de revenir au centre des préoccupations de nombre de philosophes, aussi bien aux États-Unis qu'en Europe, dans la dernière partie du XXe siècle.

Chapitre 2

Où William James se débarrasse de la métaphysique à l'aide d'un écureuil

Henri Bergson et William James – son aîné de 17 ans – se connaissent et s'admirent. Leur correspondance en témoigne. Ils ont des traits communs : sens du concret, goût pour la psychologie et la parapsychologie, attention au renouvellement permanent, choix délibéré de parler clair. En outre, malgré leur différence d'âge, ils publient presque en même temps des œuvres essentielles. En 1906 et 1907, William James prononce à Columbia des conférences qui vont donner naissance à son livre sur le pragmatisme, tandis que Bergson publie *L'Évolution créatrice*.

À la lecture de ce texte, William James écrit à Bergson : « Vous êtes un magicien, et votre livre est une merveille, un véritable miracle dans l'histoire de la philosophie [...] d'une beauté de forme qui le rendra classique. » D'habitude, les philosophes, entre eux, n'ont pas le compliment facile. Il est rare de les voir se congratuler ainsi. Bergson, en préfaçant la traduction française de l'ouvrage de James intitulé *Le Pragmatisme*, en 1917, sept ans après la mort de l'auteur, n'hésite pas à écrire : « Nul n'aima la vérité d'un plus ardent amour. Nul ne la chercha avec plus de passion.

Une immense inquiétude le soulevait ; et, de science en science, de l'anatomie et de la physiologie à la psychologie, de la psychologie à la philosophie, il allait, tendu sur les grands problèmes, insoucieux du reste, oublieux de lui-même. »

Voilà, somme toute, un bon résumé. Mais trop elliptique. Car William James est un personnage complexe, romanesque autant que scientifique. Fils d'un excentrique richissime, qui fut un disciple du penseur ésotérique Swedenborg, William est le frère aîné du romancier Henry James. Dans cette curieuse famille d'origine irlandaise qui a fait fortune aux États-Unis, les voyages à travers le monde sont une manière de s'instruire. Durant sa jeunesse, William quitte régulièrement New York pour de nouveaux périples, en Europe ou ailleurs. Sa vie princière se transforme peu à peu en appétit permanent de découvertes. Comme il parle l'allemand et le français aussi bien que l'anglais, ce ne sont pas les possibilités qui manquent. Parfois, cette faim d'apprendre devient une véritable boulimie de savoirs.

Ainsi, en lisant son *Journal*, on constate qu'aux alentours de la vingtaine il étudie simultanément la géologie, l'électrodynamique, la Révolution française, le sanskrit, et la pensée de Charles Sanders Peirce ! Si on ajoute une passion pour la biologie, un grand voyage au Brésil avec un adversaire de Darwin, une longue dépression dont il finit par se sortir en comprenant, avec Renouvier, que le libre arbitre découle de la conviction qu'on est libre, on voit combien le personnage est singulier.

Une sœur gravement hystérique, une fiancée aussi tourmentée que lui-même, une santé plus fragile que sa fortune et une carrière universitaire aussi brillante qu'inhabituelle complètent cette existence haute en couleurs, assez conforme à l'une de ses formules favorites à propos du travail : « Il faut toujours aller trop loin. » C'est ainsi que William James se rend, le 18 avril 1906, dans San Francisco en flammes, alors que les secousses d'un tremblement de terre se poursuivent, pour étudier les réactions d'une collectivité pendant une catastrophe. Parce que cet homme est avant tout un psychologue.

De la psycho à la philo

Ses *Principles of Psychology*, ouvrage monumental publié en 1890, fondent en 1377 pages une discipline nouvelle. Avant lui, on faisait reposer la psychologie sur des principes théologiques. Les analyses menées sous ce nom ne relevaient pas du domaine de la positivité scientifique. Au contraire, pour William James, la psychologie doit être une science fondée sur la physiologie. Elle constitue une connaissance indépendante, rigoureuse, si possible expérimentale. Cette rupture fut accueillie comme une révolution.

Mais William James était déjà ailleurs. Après avoir fondé à Harvard le premier laboratoire américain de psychologie expérimentale, il s'intéresse aux religions, à la définition de la vérité, à la méthode en philosophie. Et c'est là, du point de vue qui nous intéresse, qu'il convient de tenter de l'immobiliser un instant. Car le changement de perspective qu'il introduit dans la pensée est décisif.

Dans la tradition philosophique, depuis toujours, la vérité, quand elle existe, est immuable. Deux et deux feront quatre demain, comme c'était le cas hier. Cette invariance vaut également pour le lieu : le résultat vrai ne diffère pas ici et là, il est le même en deçà et au-delà des Pyrénées. S'il en va autrement, on parle d'opinion, de croyance, pas de vérité. Voilà le vieux socle que le « pragmatisme » de William James ébranle, voire bouleverse tout à fait.

À ses yeux, vérité et croyance, c'est finalement tout un. La vérité est une croyance qui marche, dont les conséquences pratiques se constatent. « Être vrai » n'est pas une qualité statique, mais le résultat d'un processus. Le créateur du pragmatisme le dit explicitement : « La vérité d'une idée n'est pas une propriété stagnante qui lui est inhérente. La vérité *arrive* à une idée, elle est *rendue* vraie par les événements. Sa vérité *est* en fait cet événement, ce processus, le processus de se vérifier soi-même, de sa véri-*fication.* »

Autrement dit, toute vérité est relative. Relative aux conditions de sa naissance, aux inclinations ou tempéraments qu'elle révèle. Relative aussi, et surtout, aux conséquences qui en découlent et qui la rendent plus ou moins considérable ou intéressante. C'est ce qu'enseigne la fable – on n'ose dire la parabole – de l'arbre, de l'homme et de l'écureuil. William James l'invente, dans ses conférences de 1906 et 1907 à Columbia, pour éclairer ce qu'il entend par « pragmatisme », « un nom nouveau pour d'anciennes façons de penser ».

Autour de l'arbre

L'écureuil est agile, l'homme veut l'observer. L'arbre s'interpose entre eux. Chaque fois que l'homme avance, l'écureuil aussi. L'observateur ne voit donc rien : il fait le tour de l'arbre en même temps que l'écureuil en fait autant, du côté opposé… Si quelqu'un demande : « Cet homme tourne-t-il autour de l'écureuil ? », que peut-on lui répondre ? Oui, disent les uns, l'homme tourne effectivement autour de l'animal, puisqu'il fait le tour de l'arbre. Non, disent les autres, il n'a jamais été confronté à l'écureuil, il ne l'a jamais vu en face de lui, donc on ne peut pas dire qu'il tourne autour de lui.

Qu'est-ce que vient faire là ce casse-tête apparemment insoluble et inintéressant ? Il sert à montrer ceci : établir qu'il est vrai que l'homme tourne autour de l'écureuil, ou démontrer au contraire que c'est faux, est parfaitement indifférent *du point de vue des conséquences pratiques*. Cette question, en effet, en est dépourvue. Qu'est-ce que changerait, pour l'humanité, qu'on établisse que l'homme tourne autour de l'écureuil ? Ou qu'il ne tourne pas ? Rien, absolument rien ! Même si on limite l'examen à ceux qui soutiennent l'une ou l'autre solution, on s'aperçoit qu'aucun inconvénient ni aucun avantage ne découle, pour personne, d'une solution ou de l'autre.

Cette vérité sans conséquences est pour James sans contenu, sans consistance, sans existence. Le problème lui-même est vain. On peut donc laisser cette question de côté : elle est vide. Encore faut-il aller jusqu'au bout du chemin : pratiquement toutes les grandes interrogations de la métaphysique sont dans la même situation. Quelle que soit la réponse apportée, ses conséquences sur la vie de l'humanité sont nulles. Que le monde soit fini ou infini, que nous possédions ou non une âme immortelle, cela ne change pratiquement rien à l'existence réelle. Ces grands dilemmes paraissent cruciaux. Ils sont, en fait, sans portée.

On constate que la démarche du pragmatisme a finalement peu à voir avec le sens de ce terme dans le vocabulaire quotidien. Le pragmatisme – en politique, en affaires, dans les décisions personnelles – consiste généralement à être réaliste et non dogmatique, à faire passer les avantages concrets avant les idéaux et les principes. Il s'agit, somme toute, de savoir s'adapter, au nom de l'intérêt bien compris.

Expérience et démocratie

Ce n'est pas du tout ce qui est en question chez William James. Le pire contresens sur sa pensée est de la confondre avec une idéologie d'hommes d'affaires, soucieux seulement de résultats (ce qui compte, c'est ce qui marche). Cette erreur d'interprétation, renforcée par des préjugés anti-américains et anticapitalistes, fut fréquente en Europe. Or elle interdit de saisir ce qui fait l'originalité de cette analyse. Car le pragmatisme, loin d'être une idéologie du résultat, est une philosophie de l'expérience. Son attitude se veut proche de l'attitude scientifique. Sa conception de la vérité est plus tournée vers l'avenir que vers le passé : elle ne consiste pas à proclamer vraie une idée qui produit des conséquences pratiques, elle considère plutôt qu'une idée devient plus ou moins vraie en fonction des effets qui en découlent. En fait, c'est à la fois une philosophie de la science et une philosophie de la démocratie.

Car la politique démocratique est sans doute le domaine où ce processus de construction de la vérité est le plus net. La démocratie n'est guidée et contrainte par aucune loi immuable. Sa vérité est bien de l'ordre de l'événement : elle s'élabore et se redéfinit à mesure que ses conséquences apparaissent. Dans le régime démocratique, aucun modèle parfait ne surplombe la réalité pour venir dicter des normes intangibles. La politique est toujours « *in the making* », en train de se faire – tissus d'interactions, de transformations, d'expérimentations. C'est pourquoi la notion d'expérience est centrale pour la démocratie, comme elle l'est pour le pragmatisme. L'expérience, ici, désigne toujours un processus de transformation. Elle ne consiste pas à imposer aux choses un ordre prédéfini, à réaliser un plan préétabli. Au contraire : l'expérience transforme les choses, mais aussi celui qui l'accomplit. En fin de compte, sujet et objet s'entrefaçonnent, se modifient réciproquement. Cette corrélation vaut également pour le monde et la réflexion, ou encore pour la nature et la société.

Le pragmatisme est donc tout l'inverse d'un système philosophique, avec son ordre, sa construction fixe, ses déductions obligées. Il désigne plutôt d'une tournure d'esprit qui s'emploie à dégonfler de vieilles baudruches qui ont traversé les siècles sans recevoir le coup d'épingle qui doit leur être fatal. D'ailleurs, les penseurs qui se réclament du pragmatisme, selon des modalités diverses, le conçoivent comme une pensée évolutive, non comme une doctrine figée.

Une constellation de penseurs

Restreindre cette attitude à l'œuvre de William James serait une trop courte perspective. Le mot et l'idée de pragmatisme ont été forgés par Charles Sanders Peirce (1839 – 1914) dans le « Club métaphysique » qu'il tenait à Cambridge (Massachussetts) et auquel William James participait. Bien que leurs analyses aient divergé sur des points essentiels, une attitude de fond leur est commune. La même posture se retrouve également dans l'œuvre de John Dewey (1859-1952).

Au cours d'une longue existence (il meurt à 92 ans, et fut actif presque jusqu'à la fin de sa vie), Dewey passa de Hegel à Darwin, et de William James à l'élaboration de son propre pragmatisme, dont on peut suivre les étapes au long des 37 volumes de ses *Collected Works.* Ce philosophe a principalement axé sa réflexion sur l'éducation et sur la démocratie. Convaincu que la dynamique de l'expérience est essentielle, il élabore un système éducatif centré sur les recherches et les besoins de l'enfant, mais aussi sur la pertinence des solutions trouvées par les sciences et les techniques.

Son originalité est de postuler qu'il existe un point commun entre ce que les savoirs humains ont bâti dans l'histoire et ce que les enfants cherchent à trouver comme solutions aux problèmes que leur pose le monde. Dewey s'oppose donc aux pédagogues qui ne mettent l'accent que sur les connaissances, les programmes et les contenus à transmettre. Mais il se sépare également de ceux qui ne jurent que par les découvertes intuitives et le libre développement des capacités créatrices spontanées. L'essentiel, pour lui, est d'en finir avec l'opposition radicale du monde et de l'esprit, de la pensée et de l'action. C'est pourquoi il insiste, en pragmatiste, sur les créations continues et les vérités-processus.

La démocratie est pour lui aussi le meilleur exemple de ces transformations sans fin : tout s'y rejoue en permanence. Pour Dewey, elle est bien plus qu'un simple cadre institutionnel, plus même qu'un système politique. « La démocratie n'est pas une forme de gouvernement », ne cesse-t-il de répéter. C'est une manière de vivre, qui définit constamment ses propres normes. La politique, en ce sens, est expérimentation. À condition que le public n'en soit pas absent, qu'il ne soit pas dépossédé du pouvoir par la complexité des questions et le règne des experts.

Le pragmatisme a exercé sur la pensée contemporaine une influence tantôt souterraine et tantôt visible.

La pensée de Gilles Deleuze en porte la marque, en partie par l'intermédiaire de Bergson, proche de William James, mais aussi par l'intermédiaire de Jean Wahl, qui fit connaître, par son livre de 1920, « les philosophes pluralistes d'Angleterre et d'Amérique ». De façon plus décisive, une partie de la philosophie américaine contemporaine se rattache à l'attitude pragmatiste, notamment l'œuvre de Richard Rorty et aujourd'hui celle de Richard Shusterman, lequel a notamment souligné la singularité d'une approche pragmatiste de l'esthétique. Centrée sur les arts populaires, sur l'expérience de l'homme ordinaire, elle s'oppose d'entrée de jeu à l'intimidation des profanes par les initiés. Là encore, le pragmatisme se révèle, plus que tout, philosophie de l'expérience : « Nous ne nous approprions vraiment l'importance d'une œuvre d'art, écrit Dewey, que si nous accomplissons dans nos propres processus vitaux les processus que l'artiste a accomplis pour produire l'œuvre. »

Finalement, James et les pragmatistes appartiennent, comme Bergson, à la catégorie de ces maîtres qui vous rendent à vous-même. Au lieu d'imposer une conception monolithique de la vérité, ils insistent sur le pluralisme, la diversité des tempéraments, le fait que les itinéraires sont multiples. Une fois encore, ce qui compte, ce sont les conséquences.

De William James, que lire en premier ?

C'est par *Le Pragmatisme. Un nouveau nom pour d'anciennes manières de penser* qu'il convient d'entrer dans l'univers de William James. Ces conférences, données à Boston (novembre et décembre 1906) et à Columbia (janvier 1907) sont à la fois accessibles et profondément novatrices. Il en existe une excellente traduction française récente, par Nathalie Ferron (Flammarion, « Champs », 2007, avec une préface de Stéphane Madelrieux).

Et ensuite ?

On poursuivra par la lecture des *Essais d'empirisme radical* (Flammarion, « Champs », 2007) et *Précis de psychologie* (Les Empêcheurs de penser en rond, 2003).

Sur William James, que lire pour aller plus loin ?

William James, de Michel Meulders (Hermann, 2010).

William James : empirisme et pragmatisme, de David Lapoujade (Les Empêcheurs de penser en rond, 2007).

William James : l'attitude empiriste, de Stéphane Madelrieux (PUF, 2008).

Jean-Pierre Cometti, *Qu'est-ce que le pragmatisme ?* (Gallimard, « Folio », 2010).

☞ *Le pragmatisme de William James insiste sur l'influence qu'exercent, sur ce que nous tenons pour vrai, notre tempérament et nos expériences personnelles.*

☞ *Freud va bien plus loin dans cette voie, en soutenant que nos inclinations secrètes, échappant à notre connaissance, donnent à ce que nous croyons une vérité nouvelle.*

• NOM : *SIGMUND FREUD*

• LIEUX ET MILIEUX

La Vienne de la fin du XIXe et du début du XXe siècle, qui fut l'un des plus extraordinaires foyers de création intellectuelle et artistique des temps modernes.

• 9 DATES

1856 Naissance à Freiberg (aujourd'hui Pribor en Tchéquie).
1860 Arrivée de sa famille à Vienne.
1885 Devient Privat Dozent. Suit l'enseignement de Charcot à Paris.
1895 Publie avec Joseph Breuer les *Études sur l'hystérie*.
1900 Publie *La Science des rêves* (Die Traumdeutung).
1905 Publie *Trois essais sur la théorie de la sexualité*.
1920 Publie *Au-delà du Principe de plaisir*.
1938 S'exile à Londres, chassé par les nazis après l'annexion de l'Autriche au Troisième Reich.
1939 Meurt à Londres le 23 septembre.

• SA CONCEPTION DE LA VÉRITÉ

La vérité pour Sigmund Freud :
échappe totalement ou en partie à la conscience du sujet,
peut être reconstituée par le travail de déchiffrement psychanalytique,
est souvent déplaisante et suscite des résistances et des refus.

• UNE PHRASE-CLÉ.

« Faute de pouvoir voir clair, nous voulons, à tout le moins, voir clairement dans les obscurités. »

• SA PLACE DANS LA PENSÉE CONTEMPORAINE

Immense, car les idées centrales de la psychanalyse – à travers les différentes écoles qu'elles ont suscitées, les créations qu'elles ont inspirées ou les querelles qu'elles ont soulevées – sont au cœur d'une grande partie des pensées du siècle.

Chapitre 3

Où Sigmund Freud parvient à dissocier savoir et vérité

Freud, un philosophe ? En un sens, non. Il se défend de vouloir faire de la philosophie. Il marque à maintes reprises sa distance, et sa défiance, envers pareille démarche. Il a même tendance à la comparer, explicitement, à la pensée magique : les philosophes ont le tort de croire qu'en examinant des questions purement théoriques ils résolvent, du même coup, des problèmes réels. Entre attitude philosophique et pensée magique, Freud discerne le même recours à une croyance à la toute-puissance de la pensée : en prononçant quelques formules, on change le monde… Voilà ce que rêvent les philosophes.

Malgré sa critique implicite et explicite de la philosophie, Freud a légitimement sa place parmi les philosophes qui ont façonné la pensée du XXe siècle. D'abord parce que ses critiques ne l'ont pas empêché de lire de près les philosophes, et de s'en inspirer. En outre, ce qui est plus déterminant, Freud transforme des problèmes centraux de la philosophie classique. Ces métamorphoses ont eu des répercussions profondes dans la philosophie contemporaine.

Au commencement de son itinéraire, Sigmund Freud est médecin. Il va passer de l'anonymat à la notoriété mondiale en un temps relativement court. Né dans une famille de commerçants juifs plutôt modestes, il finira sa vie en star mondiale, grande figure intellectuelle de son temps, reconnu de tous côtés comme penseur et découvreur de première importance. En fait, il a toujours rêvé de ce destin. Tout jeune, Freud est animé d'une intense volonté de savoir, du désir de découvrir des territoires nouveaux pour la connaissance et la pensée. Il parle explicitement de son « exigence » précoce de « comprendre un tant soit peu les énigmes du monde qui nous entoure ».

Ce désir de savoir est également soutenu, de façon très vive, par un projet constant de renommée et de gloire. Freud fait montre d'une volonté tenace de devenir célèbre. Dès sa jeunesse il cultive l'espoir d'être un grand homme, essuie plusieurs échecs avant d'y parvenir, mais ne se départit jamais pour autant de cette ambition fondatrice.

Médecin, il s'est spécialisé dans la neurologie – au sens rigoureusement anatomique et physiologique de l'étude du système nerveux : les premières recherches du jeune Freud portent sur les testicules des langoustes. L'orientation de son travail est alors uniquement physiologique, non psychologique. C'est presque à la faveur d'un jeu sur les mots que lui sont adressés des patients présentant des troubles psychiques : puisque ce dont ils souffrent est « nerveux », on les envoie consulter un spécialiste des nerfs…

De proche en proche, Freud se tourne donc vers la psychologie, en commençant par l'étude de l'hypnose. À l'aide d'une bourse, il vient étudier à Paris les doctrines et les pratiques de Charcot à la Salpêtrière, il ira ensuite à Nancy étudier auprès de Bernheim.

L'hypnose, qu'il commence à pratiquer comme méthode thérapeutique avec Joseph Breuer, le conduit à découvrir des domaines méconnus du psychisme.

La découverte de l'inconscient, et la construction progressive de ce que Freud va nommer psychanalyse ont fait l'objet d'innombrables publications. Lui-même décrit, et mille autres à sa suite, comment il remplace l'hypnose par la règle de « l'association libre », par quels cheminements il élabore l'interprétation des rêves, selon quelle logique il construit les concepts fondateurs (pulsion, refoulement, censure, formation de compromis…).

Quelle lumière nouvelle jette-t-il ainsi sur des problèmes philosophiques anciens ? Même s'il s'en défend, Freud traite effectivement de questions centrales de la philosophie – au point de les bouleverser de fond en comble, dans certains cas. Cette métamorphose n'est pas apparue soudainement. Freud modifie en profondeur l'idée même de vérité et sa relation au savoir au terme d'un processus qui se poursuit tout au long de son œuvre.

Car ses conceptions ne cessent d'évoluer, de se réorganiser. Rien n'est jamais figé dans son travail théorique. Sa méthode est constamment en mouvement : elle ne se contente pas de répéter ses intuitions de départ ou de perfectionner le système d'explications initial. Il arrive à Freud de laisser tomber certaines idées, de proposer de nouvelles organisations des concepts – d'une manière qui peut évoquer le mouvement de pensée bergsonien ou l'empirisme de William James.

Toutefois, la singularité de la pensée psychanalytique tient au souci de faire coller la théorie à ce que révèle, dans la pratique des cures, l'écoute des patients et de leurs récits. Ce qui émerge des analyses en cours conduit Freud à réélaborer régulièrement ses idées, quitte à changer de perspective. Le parcours est long, complexe, riche en obstacles et en impasses comme en rebondissements.

Une pensée inconsciente

Le premier point, à l'évidence, c'est la découverte de l'inconscient. À condition de souligner ce qu'il y a de véritablement neuf, du point de vue philosophique, dans l'affirmation qu'il existe un inconscient *psychique*, découverte qui va constituer le socle de la psychanalyse et de ses élaborations théoriques. Un siècle plus tard, accoutumés à entendre parler de « pensées inconscientes », nous ne percevons plus ce qu'a eu d'étrange, voire de scandaleux, pour la philosophie, cette simple expression.

Avant Freud, le terme « inconscient » existe, mais il signifie toujours « absence de conscience » et *donc de pensée*. Une personne évanouie est dite « inconsciente » : elle n'a plus sa lucidité, elle a perdu tout contact avec son environnement. La matière inerte est elle aussi inconsciente : le morceau de bois est dépourvu de toute forme de conscience et donc de pensée. Dans un autre registre, au sens moral cette fois, on juge « inconscient » celui qui est irresponsable et ne se rend pas compte de ce qu'il fait.

En fait, ce que les philosophes, avant Freud, appellent « inconscient », ce sont tous les processus automatiques qui se déroulent dans le corps. Je n'ai pas conscience que mes ongles poussent, que mes cellules se renouvellent, que mes poumons extraient de l'oxygène. Une longue tradition philosophique accepte l'idée d'inconscient, pour désigner ce qui est organique, dépourvu de conscience, extérieur à la pensée. Avant Freud, le clivage est donc simple : soit on a affaire à la conscience, donc à la pensée, soit on a affaire au dehors de la pensée, à l'inconscient matériel ou organique. « Pensée » ne va pas sans conscience, « inconscient » désigne le dehors de la pensée.

C'est pourquoi parler d'une « pensée inconsciente » semblait insensé. Avec Freud et la psychanalyse, il va falloir que psychisme et conscience se dissocient, que la conscience devienne la caractéristique d'une partie seulement des processus psychiques. Toutes sortes de choses en nous (désirs, représentations, émotions) se pensent, se déduisent, s'associent ou s'excluent sans que nous en ayons conscience. Si c'est le cas, des pensées peuvent exister « en moi » – dans mon psychisme – sans que je le sache, sans que je le voie. C'est une révolution dans la manière d'envisager la conscience, mais aussi la pensée elle-même.

La pensée apparaît en effet comme une série de processus qui se déroulent sans que la conscience du sujet s'en aperçoive. Indépendamment de ma volonté, et sans que j'en sache rien, des pensées se transforment, se déplacent, fusionnent ou se combinent, entrent en conflit. Des questions nouvelles – et des conséquences philosophiques majeures – en découlent. Par exemple : quelle est la nature de cette pensée qui m'échappe ? Est-elle en moi ? Que signifie désormais ce terme ?

Un psychisme conflictuel

Deuxième point essentiel de la découverte freudienne : la constitution de la pensée inconsciente résulte d'un jeu de forces. L'inconscient psychique provient de conflits par lesquels le sujet a mis à l'écart, de manière automatique, certaines pensées – désirs ou représentations – qui n'étaient pas supportables pour son intégrité psychique. En parlant de l'inconscient psychique, on suppose dans la pensée psychanalytique une perspective dynamique : ce sont des rapports de force qui expliquent la constitution de l'inconscient.

Certains désirs ont été refoulés, mis à l'écart, exclus. Mais ils ne sont nullement anéantis. Ils persistent, veulent se réaliser, tentent de revenir et il faut continuer à y résister. Notre psychisme n'est pas simplement clivé entre un registre conscient et un registre inconscient, comme entre une zone claire et une zone sombre. Ce clivage résulte de tensions anciennes, et demeure conflictuel, de manière plus ou moins aiguë, pour chaque individu. « La *psyché* est un champ de lutte entre des tendances opposées », souligne Freud dans *Introduction à la psychanalyse* (1915).

Point essentiel. Si le conflit correspond à des structures globales, il se déroule chaque fois au cœur d'une biographie particulière, dans une histoire donnée, un trajet personnel. Pour Freud, chaque inconscient est singulier. Et il doit être exploré, pour autant qu'il puisse l'être, dans sa singularité. Rien n'est plus étranger à la psychanalyse freudienne que les interprétations toutes prêtes et les déchiffrements stéréotypés.

Ce qui opposera Freud à Jung est précisément cette question du caractère singulier de l'inconscient de chaque individu. Jung invente l'idée d'archétype, et se sépare de Freud en soutenant qu'il existe de grands mythes, de vastes inscriptions symboliques primordiales marquant la psyché collective. Ces empreintes psychiques, communes à toute l'humanité, se retrouvent, selon Jung, chez chacun d'entre nous. Freud insiste, au contraire, sur la singularité de l'inconscient de chaque sujet.

Pour lui, certes, chaque être humain se trouve confronté au fait d'être né, de rencontrer le langage, d'apprendre l'existence de la réalité, de découvrir l'obéissance et la révolte face à l'autorité. Toutes ces aventures, en un sens, peuvent s'entendre comme autant de conséquences de la rencontre d'une boule de chair avec l'univers de la langue. Né très tôt, bien avant de savoir parler, chaque être humain entre dans un monde de paroles qui lui préexiste. Il va devoir s'y repérer, y trouver sa place, y inscrire ses propres phrases. Cela ne va pas sans heurts, crises, et remaniements psychiques de toutes sortes.

Mais cet ensemble, chaque fois, est configuré de manière unique. Chacun traverse ces aventures communes dans un contexte différent. Tout dépend, il faut le répéter, de ce que sont ses parents, sa famille, les accidents de sa vie infantile, son milieu social, son environnement historique. Dans cet entrelacs de hasard et de nécessité, se construit pas à pas l'histoire de son désir. La sexualité humaine n'est pas un instinct biologique programmé de manière fixe, comme celle des espèces animales. Elle résulte d'un processus complexe. Voilà un autre résultat de la même démarche.

Une sexualité étendue

Pourquoi le psychisme se construit-il à travers des conflits ? En raison de l'existence de la sexualité infantile – troisième aspect de la découverte de Freud. La sexualité n'apparaît pas chez les êtres humains à la puberté. Elle est façonnée, dès la plus petite enfance, par la traversée de phases successives, de remaniements, de conflits – intenses et violents – qui font l'objet de refoulements, et fabriquent des représentations inconscientes.

L'idée que les enfants ont une sexualité – d'abord orale, puis anale, avant qu'elle ne se fixe plus spécifiquement sur les organes génitaux – a beaucoup choqué à l'époque où Freud commence à l'exposer. Les *Trois Essais sur la théorie de la sexualité*, publiés en 1905, ont largement contribué à construire, à l'époque, sa réputation sulfureuse. Encore aujourd'hui, certains persistent à trouver cette conception difficile à admettre.

Pour les êtres parlants, la sexualité est le résultat d'une élaboration psychique, d'un long parcours qui aboutit à la constitution de leur désir. Et ce désir n'est pas purement et simplement corporel, physique et organique. S'il s'inscrit évidemment dans la chair, il est aussi habité par les processus psychiques. Dans la conception freudienne de la sexualité – qui devient alors le nom général de la jouissance physique, du plaisir corporel et du désir, et non plus, simplement, la dénomination des actes sexuels – le plus important est le fait qu'elle est élaborée au fil d'une histoire individuelle. Ce n'est pas le développement du programme d'un instinct, toujours identique et fixe.

Si l'on rapproche à présent les différents éléments évoqués – un inconscient psychique, des conflits, un processus de construction du désir –, il en résulte une conception du sujet fort différente de celle de la philosophie classique.

Un sujet divisé

Dans la perspective de Freud, le sujet ne s'appartient pas entièrement. Il peut se raconter qu'il prend des décisions libres, qu'il choisit souverainement ses objectifs et son destin… en fait, il se raconte des histoires. Il serait excessif, et simpliste, d'en conclure que nous sommes entièrement déterminés, victimes d'un destin implacable qui nous demeure inconnu. Il n'en reste pas moins que notre marge de manœuvre, notre frange de liberté est plus réduite que nous ne le croyons, plus contrainte que nous ne le pensons.

Cette division se manifeste déjà dans le rêve lui-même : à l'insu du rêveur, des processus complexes (condensation, déplacement) cryptent le désir inconscient qui se réalise. Ainsi, en rêvant, nous réalisons certains de nos désirs inconscients, mais nous n'y voyons « que du feu », comme on dit. Le rêve combine des éléments que la réalité dissocie : telle personne peut avoir la tête d'une autre tout en ayant la façon de parler d'une troisième et finalement n'être aucune des trois. En fin de compte, le « contenu manifeste » du rêve – ce que nous en gardons comme souvenir, et dont nous pouvons faire le récit au petit déjeuner... – diffère grandement du « contenu latent », c'est-à-dire caché, qu'on peut retrouver en en démontant pas à pas le cryptage.

Schématiquement, le rêve apparaît après Freud comme ces rébus pour enfants où il faut chercher un lapin caché dans le dessin, dissimulé dans la forme d'un nuage ou la découpe des feuilles de l'arbre. La censure du rêve déforme les représentations pour qu'elles ne soient pas intelligibles à la conscience. Le résultat de ce travail est un compromis entre deux forces opposées : le désir inconscient s'exprime, mais il est méconnaissable – la censure est satisfaite, mais elle est déjouée.

Le sujet apparaît donc comme séparé de lui-même : je rêve sans savoir ce qui s'exprime dans ces images et ces histoires. De la même façon, j'ignore ce que peuvent signifier les erreurs et les oublis quotidiens que je mets sur le compte du hasard, tout comme la kyrielle de petites ou de grandes obsessions, inquiétudes et cérémonies rituelles qui ponctuent la vie de tous les jours. Finalement, dans toute action, quelque chose échappe à celui qui agit.

Il se pourrait donc que, dans toute pensée, quelque chose échappe à celui qui pense. Et, dans toute parole, à celui qui parle. Cette impossibilité d'un contrôle total, ce reste de sens qui échappe immanquablement à la volonté consciente de celui qui parle, pense et agit, cette vérité de nos faits et gestes ou de nos phrases qui diffère de celle que nous croyons leur donner, c'est là que se situe le cœur de ce qui intéresse Freud.

Toutefois, ce double jeu ne se limite pas au clivage des individus ni au conflit de nos désirs microscopiques. De proche en proche, le regard de Freud finit par embrasser la civilisation et l'histoire, pour y discerner une lutte permanente entre vie et mort.

Pulsion de vie, pulsion de mort

Une nouvelle étape est en effet franchie par Freud à partir de 1920. Ce tournant de sa perspective théorique le conduit au-delà de ce qu'il a dénommé « principe de plaisir ». Celui-ci est lié à la répétition de la satisfaction : ce qui procure une jouissance exige le recommencement. Banalement, on cherche à répéter le plaisir – chez les souris de laboratoire, qui réitèrent indéfiniment les expériences plaisantes, aussi bien que chez les êtres humains. Cependant, contre toute attente, il arrive, chez les humains, que l'on préfère le malheur.

Freud constate, à partir des difficultés qu'il rencontre avec certains patients, que le principe de plaisir n'a pas toujours le dernier mot. Des gens paraissent ne pas vouloir guérir, semblent rester attachés à leur propre malheur, incapables de se défaire de leurs maux. Ils demeurent rivés à ce qui les détruit ou les fait souffrir. Ces observations conduisent Freud vers l'idée d'une pulsion de mort, qui voudrait refuser l'existence et retrouver l'état antérieur à la naissance et à l'individuation.

Il s'agit, somme toute, de revenir au néant, à l'état antérieur à cette tension que représente l'existence. Retourner à ce qui se trouvait avant la vie –, même si nous n'en avons pas de représentation possible – tel serait le but inavoué. Freud esquisse, à partir de cette idée, des perspectives qui, encore aujourd'hui, ne sont pas partagées par tous les psychanalystes.

Il insiste sur le fait que la culture elle-même constitue un champ de conflit entre forces de vie et forces de mort, entre *Eros* qui rassemble, agrège, relie, crée entre les hommes du lien, de la solidarité, des associations, et *Thanatos* (« mort » en grec ancien) qui dissout, délie, disperse, désagrège et détruit le lien humain. Cette conception permet d'éclairer de multiples aspects des phénomènes culturels et sociaux contemporains. Elle semble confirmée par de multiples observations, mais elle n'en reste pas moins hautement spéculative, et fort éloignée, par son caractère global, des observations de détail dont se réclamait Freud à ses débuts. Comme il le reconnaît lui-même, il est revenu « après une très longue et difficile digression » à ses « intérêts premiers » – on devrait dire ses premières amours : des questions philosophiques.

La vérité dissociée du savoir

Ce cœur spéculatif de la théorie freudienne est indéniable, et les effets philosophiques de la psychanalyse multiples. Une série de lignes se trouvent déplacées : la frontière entre « normal » et « pathologique » n'est plus la même, entre rationnel et irrationnel non plus. Freud aura transformé ces couples de notions fondamentaux pour la réflexion philosophique.

Son intervention principale, en fin de compte, ne laisse pas intacte la conception même de la vérité. Les divers apports de la psychanalyse – inconscient psychique, conflit des registres, clivage du sujet – font que savoir et vérité ne se situent plus sur le même plan. Désormais, ils ne coïncident pas l'un avec l'autre. Qu'est-ce que cela veut dire au juste ?

Généralement, quand je sais quelque chose, je possède aussi la vérité de ce savoir. Certes, je peux être dans l'illusion, croire vrai ce que je sais et me tromper, mais dans ce cas je n'aurais pas un savoir véritable. En fait, savoir et vérité semblent indissociables, comme le recto et le verso d'une feuille de papier. D'habitude, ils ne constituent jamais des registres décalés ni différents.

Pourtant, si ce que Freud met en lumière est exact, il existe un décalage entre ce que *sait* un individu de sa conduite, de son histoire, de son enfance, de ses projets, et la *vérité* de son histoire, de son projet. Et ce décalage existe aussi pour les savoirs collectifs, les disciplines de connaissance. Ainsi la géographie, l'histoire ou la philosophie savent un certain nombre de choses. Mais elles sont peut-être – à leur corps défendant, à leur insu – traversées par des vérités qu'elles ne voient pas.

Autrement dit, avec Freud, la connaissance cesse d'être transparente. Savoir et vérité ne sont plus identiques, contrairement à ce qu'on avait toujours postulé. Plus fortement que Nietzsche ou Schopenhauer, Freud met à jour un hiatus, une fêlure entre le savoir et la vérité. Il y a ce que je sais, et il y a, qui m'échappe bien souvent, la vérité de ce savoir. Il y a ce que je sais à propos de ce que je suis, et des vérités sur ce que je suis qui me demeurent inconnues parce que inconscientes. Dans le su, il y a toujours de l'insu. Dans ce qu'on connaît, de l'inconnu. Dans ce que l'on pense, de l'impensé. Dans cette faille, la vérité se détache du savoir. Or ceci n'était jamais arrivé, du moins avec pareille intensité.

Le mouvement constant de Freud consiste à tenter de réduire cet écart, tout en sachant qu'il ne peut être totalement supprimé. Que l'inconscient devienne conscient, que l'insu soit su, que la sauvagerie se civilise, que le moi advienne là où était le ça… ces formulations convergent vers une même tentative, qui par définition demeurera indéfiniment inachevée. Ce processus est constamment « in the making », en train de se faire. En ce sens, il est interminable, ce qui ne signifie nullement vain, décourageant ou négligeable.

Car Freud – contrairement à ce que l'on a pu croire parfois, par erreur – n'exalte pas du tout l'instinct. Jamais il ne fait l'éloge des forces obscures. Nulle part il ne souhaite la libération des représentations archaïques. C'est sans doute aussi pour cela qu'il fut et demeure l'objet de tant de haine, comme il fut et demeure l'objet de tant d'espoir. Car Freud indique une voie étroite pour acquérir autonomie et liberté. Elle chemine entre les forces obscures et leur compréhension, entre une lucidité accrue et un pessimisme ultime.

Parmi les défricheurs de terres nouvelles, Freud est chez les contemporains un de ceux qui incarnent au mieux les diverses acceptions de l'expression « maître à penser ». En un sens positif, il a effectivement fourni les modèles théoriques qui ont servi ensuite aux multiples élaborations conceptuelles que développent notamment les œuvres de Mélanie Klein, Donald Winnicott,

Wilfred Bion, Jacques Lacan, André Green – pour ne citer que quelques noms d'un mouvement foisonnant.

À côté de cette riche postérité, où la psychanalyse n'a cessé d'évoluer et de s'enrichir de nouvelles conceptions, il ne faut pas oublier les aspects négatifs. Bon nombre de disciples ont transformé Freud en un maître-gourou, infaillible et tout-puissant, qu'il s'agit d'écouter comme un oracle ou d'imiter jusque dans ses moindres travers. Au point, parfois, de finir par transformer la psychanalyse, discipline de liberté, en une doctrine totalitaire.

Reste que pareilles dérives parlent d'abord de l'étroitesse d'esprit et de la faiblesse de ceux qui y tombent, et laissent entière la grandeur de Freud.

De Freud, que lire en premier ?

Le texte le plus simple pour commencer est certainement celui des *Cinq Leçons sur la psychanalyse* (Champs-Flammarion, 2011), conférences données par Freud à la Clark University en 1909.

Et ensuite ?

Comme les *Cinq Leçons* reflètent seulement les débuts de la psychanalyse, on complétera leur lecture par *Introduction à la psychanalyse,* et par les textes de Freud sur la religion et la culture (*L'Avenir d'une illusion*, *Malaise dans la civilisation*).

Presque tous les textes de Freud sont d'un abord relativement aisé. Depuis que son œuvre, en 2010, est tombée dans le domaine public, de nombreuses traductions nouvelles paraissent.

On évitera les volumes des *Œuvres complètes* aux PUF, sous la direction de Jean Laplanche, qui inventent une langue nouvelle, obscure et lourde, très éloignée de l'élégant style allemand de Freud comme de la langue française.

Sur Freud, que lire pour aller plus loin ?

Innombrables sont les introductions à la psychanalyse et les ouvrages consacrés à Freud. Dans cet océan, de bons points de départ peuvent être :

Jacques Sédat, *Comprendre Freud* (Armand Colin, 2008).

Marthe Robert, *La Révolution psychanalytique. La vie et l'œuvre de Freud* (Petite bibliothèque Payot, 2002).

Paul-Laurent Assoun, *Freud, la philosophie et les philosophes* (PUF, « Quadrige », 2009).

André Green, *Illusions et désillusions du travail psychanalytique* (Odile Jacob, 2010).

Deuxième partie

Avec ou sans la science

C'est la question du siècle. Celle qui divise radicalement les philosophes, traverse la pensée, départage les écoles. Sous des formes diverses, évidemment, mais avec une insistance jamais démentie. La relation entre philosophie et science n'a jamais été aussi discutée, ni aussi cruciale, qu'au XXe siècle. On la retrouve sous mille formes. Toutefois, très schématiquement, il n'y a que deux options.

Sur un versant, on demeure convaincu que seule la connaissance scientifique fournit une voie d'accès à des résultats vrais. Ce sont donc les méthodes et les protocoles des sciences, leur armature logique, leur démarche impersonnelle et objective qui fournissent les modèles d'élaboration des vérités. La philosophie doit alors se faire science, ou auxiliaire des sciences, ou bien être abandonnée.

Qu'elle « se fasse science » peut s'entendre de plusieurs manières. Soit la philosophie se fond dans la connaissance scientifique, se borne à en commenter les résultats ou les procédures, clarifie au besoin les concepts, nettoie les outils, mais ne produit rien de spécifique. Soit au contraire elle devient une science autonome, se hisse au même niveau d'objectivité et de rigueur que les sciences dures. Quelle que soit la modalité choisie, la connaissance scientifique est considérée comme seul modèle de la vérité.

Sur l'autre versant, en revanche, on tente de s'émanciper de la science, de contester sa suprématie, voire de ruiner ses prétentions. Il appartient alors à la philosophie – selon les cas – de critiquer l'arrogance ou l'aveuglement de la science, d'ancrer sa recherche dans d'autres sols que la rigueur objective (par exemple dans la subjectivité, l'instinct, la poésie), de maintenir ouverte la possibilité d'autres types de vérités que celles de la science, notamment dans les domaines de l'éthique, du politique, de l'esthétique.

Bertrand Russell incarne de manière exemplaire la première attitude. Il considère en effet que les mathématiques détiennent le monopole de la vérité. La philosophie, dans cette optique, ne peut être que leur auxiliaire. Tout au plus pourra-t-on lui abandonner des domaines jugés sans certitude, réputés livrés au jeu des opinions et des sentiments, comme l'éthique ou le politique.

Edmund Husserl représente au contraire le projet d'une philosophie devenant science, s'élevant au statut de connaissance rigoureuse. En étudiant la conscience, en analysant ses modalités et ses processus, en fondant cette « science de l'apparaître » que constitue la phénoménologie, Husserl veut faire œuvre scientifique au sein même de la philosophie, en retrouvant la démarche originelle des Grecs.

Martin Heidegger incarne pour sa part une autre conception de la vérité. Proclamant que « la science ne pense pas », il dénonce « l'arraisonnement » du monde par la technique. Si lui aussi prône un retour aux

Grecs, ce n'est pas pour rendre la philosophie scientifique, mais au contraire pour revenir, en deçà de la naissance de la métaphysique, dans laquelle il discerne le commencement de la science et de la technique, à l'écoute de l'Être.

La confrontation entre ces différentes perspectives traverse le siècle en entier. Les débats foisonnent, se ramifient et se poursuivent encore de nos jours. Chez Russell, Husserl et Heidegger, on en trouve les points de départ, à l'état naissant, dans une forme presque pure.

• NOM : *BERTRAND RUSSELL*

• LIEUX ET MILIEUX

Grande aristocratie britannique, liée de longue date aux affaires politiques. Dans cet environnement privilégié, le jeune garçon, devenu orphelin très tôt, se réfugie dans l'amour des mathématiques. Université et politique se combinent au long de son existence mouvementée.

• **11** DATES

1872 Naissance à Trellech (Pays de Galles).
1890-94 Études à Trinity College (Cambridge), où il enseigne ensuite.
1903 Publie *Principles of Mathematics*.
1910-12 *Principia Mathematica*, avec A. N. Whitehead.
1918 En prison pour pacifisme.
1931 Siège à la Chambre des Lords.
1938 Enseigne à Chicago et à Los Angeles.
1940 Interdit d'enseignement à New York City.
1950 Prix Nobel de Littérature.
1959 Publie *My Philosophical Development*.
1966 Fonde le Tribunal Russell contre les crimes de guerre au Viêt-Nam.
1970 Meurt le 2 Février au Pays de Galles.

• SA CONCEPTION DE LA VÉRITÉ

La vérité, pour Russell :
peut faire l'objet de démonstration rigoureuse dans le domaine logique,
est seulement l'objet de convictions en éthique et en politique,
doit contribuer autant que possible à la paix.

• UNE PHRASE-CLÉ

« Mon souci constant a été de découvrir l'étendue et le degré de certitude que nous pouvons accorder à notre connaissance. »

• SA PLACE DANS LA PENSÉE CONTEMPORAINE

Capitale dans le domaine de la logique et de la réflexion sur les sciences, l'importance de l'œuvre de Russell, largement reconnue dans le monde anglophone, est souvent négligée aujourd'hui dans les pays de langue latine.

Chapitre 4

Où Bertrand Russell, avec un barbier de village, panique les mathématiciens

« Trois passions simples, irrésistiblement ancrées en moi, ont gouverné ma vie : le besoin d'amour, la soif de connaissance et une douloureuse communion avec tous ceux qui souffrent. Trois passions qui, comme les grands vents, m'ont balayé de-ci de-là dans une course capricieuse sur un profond océan d'angoisse qui me fit toucher les bords mêmes du désespoir. » Ainsi s'exprime Bertrand Russell, au début de son autobiographie en trois volumes, publiée de 1967 à 1969. À ce moment, l'homme a 95 ans passés. Il demeure toujours aussi passionné.

C'est une figure décisive, et attachante, de la pensée contemporaine. Considéré dans le monde anglophone comme un des penseurs les plus importants de l'histoire, il est souvent relativement ignoré dans le monde francophone ou même, plus généralement, dans les pays de l'Europe du Sud. Pourtant, Russell est un des grands mathématiciens du XXe siècle et un philosophe de première envergure, qui peut être considéré comme le père de la philosophie analytique.

Cette incarnation de la raison est aussi un homme de passion. Vérité, philosophie et justice forment la trame de toute son existence. Sa passion pour la vérité commence précocement : il est animé d'un véritable amour pour les mathématiques et les démonstrations. Devenu orphelin très jeune – il perd sa mère alors qu'il a deux ans, son père quand il en a quatre –, le fils du vicomte d'Amberley, héritier de la grande aristocratie anglaise, se réfugie dans la bibliothèque de famille. Grâce à son frère, il découvre la géométrie à travers les *Éléments* d'Euclide et se trouve ébloui par la beauté rigoureuse des mathématiques. Parler d'enthousiasme n'est pas exagéré : Russell dit lui-même que les mathématiques lui procurent « l'impression d'une véritable félicité, d'une exaltation ». Elles lui donnent « le sentiment d'être plus qu'un homme ».

Sa passion la plus originaire est, sans doute, la certitude. Il ne cessera de s'interroger sur ce que nous pouvons connaître d'une manière assurée, inébranlable, indestructible. Sa première joie d'enfant : découvrir qu'en mathématiques tout se prouve, rien ne reste dans l'ombre ni dans le flou. Sa première révolte : apprendre que les axiomes sont impossibles à prouver. Car, pour lui, c'est une affaire vitale.

Sauvé par les maths

Il avoue avoir souvent, dans sa jeune existence, songé au suicide. Mais il ajoute « je ne me suis pas suicidé parce que je voulais savoir plus de mathématiques ». En fait, il aime dans les mathématiques « ce qui n'est pas humain » : la sensation de découvrir des certitudes et des vérités plus puissantes, plus fortes, plus fondamentales que ce que nous pouvons normalement éprouver. Au point de départ de son itinéraire se trouve donc cet attachement singulier : un lien profondément affectif avec la raison, la déduction, la logique et l'abstraction.

Ce n'est donc pas fortuitement que Bertrand Russell va devenir, très vite, un des plus grands mathématiciens de l'époque contemporaine. Après des études à Trinity College, où il s'intéresse en particulier à la doctrine du philosophe idéaliste Bradley, il découvre l'œuvre de Peano, qui défend l'idée d'une nécessaire « axiomatisation » des mathématiques.

Que désigne ce terme technique ? Il s'agit de fonder les mathématiques sur le plus petit nombre possible d'axiomes, ces propositions que l'on doit admettre, en les tenant pour évidentes, bien qu'elles ne soient pas démontrables. Il y a bien là, pour l'esprit, un scandale : comment construire sur de l'indémontrable un édifice où ne peut être vrai que ce qui a été démontré ?

L'axiomatisation tente de réduire – autant que faire se peut – le nombre des axiomes sur lesquels repose l'édifice entier des mathématiques. Ce programme de travail conduit Russell à publier en 1903 des *Principles of mathematics.* Il poursuit sa tâche, en compagnie de Whitehead, par la rédaction d'un monument en trois volumes, devenu la bible des logiciens et des mathématiciens : les *Principia Mathematica*, publiés de 1910 à 1913. Cette œuvre marque une étape centrale dans la réflexion sur la constitution logique des mathématiques.

Calculer la forme des raisonnements

Elle réforme aussi, de manière profonde, la logique formelle elle-même. Depuis Aristote, la logique était principalement centrée sur des mécanismes relativement simples permettant de distinguer les formes de raisonnement qui sont valides de celles qui ne le sont pas. Aristote n'était jamais allé au-delà, en fin de compte, d'un classement des formes de raisonnement. L'étape franchie par Russell et Whitehead, véritablement fondatrice de la logique moderne, consiste à faire entrer les relations entre les propositions dans le monde de la démonstration formelle. Voilà qui exige quelques explications.

Une proposition, ici, désigne une phrase réduite à sa plus simple expression : « Il pleut » ou bien « Socrate est mortel ». Une proposition « atomique » – celle qui ne peut pas être divisée, scindée – constitue une unité élémentaire de discours et de signification. Russell et Whitehead vont montrer qu'il est possible de mettre sur pied un « calcul des propositions » et d'élaborer une algèbre de leurs valeurs de vérité.

On rejoint ici l'idéal d'une mathématisation de la pensée – ce vieux rêve exprimé notamment par Leibniz. En inventant une « caractéristique universelle » – une algèbre des idées – Leibniz espérait faire correspondre à chaque idée un symbole. À la question « Dieu existe-t-il ? », on répondrait alors « *calculemus !* » – faisons le calcul ! Et on obtiendrait la solution avec autant d'exactitude que pour une opération arithmétique.

Le programme de Russell et de Whitehead est fort loin, on s'en doute, de réaliser un tel rêve. Mais il permet de progresser largement dans la formalisation des raisonnements. Avec le calcul des propositions, ensuite avec le calcul des prédicats, il est désormais possible de démontrer que telle forme de raisonnement est valide, et que telle autre ne l'est pas, exactement comme on calcule la valeur d'une équation.

C'est pourquoi Russell est véritablement le fondateur de la philosophie analytique. Dans son optique en effet, bon nombre de questions philosophiques ne relèvent pas des généralités. Elles ne sont ni bavardage, ni impasse éternelle. Dans certains cas, tout comme des questions mathématiques ou scientifiques, elles peuvent faire l'objet d'une démonstration, d'un théorème, d'une solution définitive. Ou bien d'une disqualification comme questions mal posées, erreurs de perspective ou de syntaxe. Il y a donc un impact sur la philosophie de l'exigence logique propre à la pensée de Russell.

Le paradoxe qui tue

Au premier regard, on croirait une histoire pour enfants. Dans un village d'autrefois, des hommes se font la barbe eux-mêmes, et d'autres recourent aux services du barbier. On a donc deux ensembles distincts : celui des hommes qui se rasent eux-mêmes, et celui des hommes rasés par le barbier. Mais à quel ensemble appartient le barbier ? Il se rase lui-même, donc il est à classer dans le premier ensemble. Mais il est le barbier, donc en se rasant lui-même, il doit en fait appartenir au second ensemble. C'est l'impasse.

Cette histoire est la version la plus simple d'un paradoxe découvert par Russell en 1903. La théorie des ensembles commence alors à se constituer, notamment sous l'impulsion des travaux du mathématicien allemand Gottlob Frege, dont la contribution à la logique est également remarquable. Mais Frege n'avait pas prévu cette difficulté. Russell lui adresse une lettre pour lui exposer le paradoxe, qui sape tout l'édifice que le mathématicien commençait à construire.

Car on se trouve bien, avec cette historiette, face à un paradoxe logique coriace. Une version un peu plus élaborée le fait encore mieux comprendre. On peut distinguer, parmi les catalogues ou les annuaires, ceux qui se mentionnent eux-mêmes et ceux qui ne le font pas. Par exemple, un annuaire qui donne l'adresse de la société qui le confectionne, un autre qui ne la donne pas. Si l'on veut faire à présent un annuaire des annuaires qui ne se mentionnent pas eux-mêmes, doit-on inclure dans l'annuaire l'adresse de ceux qui font cet annuaire ?

Le problème est insoluble. En effet, si l'on fait figurer cette adresse dans l'annuaire, celui-ci va appartenir à la catégorie des annuaires qui se mentionnent eux-mêmes, donc il ne devrait pas être dans la liste, puisqu'il s'agir de dresser l'annuaire de ceux qui ne se mentionnent *pas* eux-mêmes. Si, au contraire, on ne fait pas figurer l'adresse, alors il va s'agir d'un annuaire qui ne se mentionne pas lui-même, donc il devra être dans la liste.

L'issue, du point de vue de la théorie des ensembles, a été de décréter qu'un ensemble ne peut pas être élément de lui-même. Mais la leçon va évidemment plus loin. Dans ces années charnières où s'intensifient les recherches autour des fondements des mathématiques et de la logique, on s'aperçoit qu'il suffit parfois de peu – un détail oublié, un point négligé – pour que vacille un édifice que l'on croyait solide.

C'est ainsi que le jeune Russell vient en quelques lignes détruire le travail de Frege, avant d'être victime à son tour d'une mésaventure semblable. Quelque années plus tard, en effet, un certain Ludwig Wittgenstein vient mettre à mal l'édifice élaboré par

Russell, aussi soudainement et radicalement que lui-même l'a fait. Contrairement à ce qu'on pourrait penser, logicien est un métier à risques.

Entre la croyance et le savoir

Si Russell rapproche philosophie et science dans ces textes de jeunesse, il a tendance par la suite à situer la philosophie plutôt entre théologie et science. Il considère la théologie comme une spéculation sur des questions que l'on ne peut jamais véritablement démontrer. La science, au contraire, établit des connaissances exactes et certaines à propos de sujets clairement délimités. La philosophie constitue pour Russell une sorte de *no man's land* entre les deux : elle participe de la science par sa rigueur, par sa volonté de démonstration et de certitude rationnelle, pourtant elle traite d'objets particulièrement difficiles à cerner ou à l'existence douteuse, comme le fait la théologie.

Cette situation d'entre-deux laisse dans la philosophie une place décisive au sentiment, à l'empathie, aux affects qui n'ont pas droit de cité dans les sciences. Russell n'est pas seulement puissant mathématicien, grand esprit scientifique et logicien de première grandeur. Il est également moraliste, philosophe de l'éthique et homme politique d'un genre original.

Toute une part de son existence est marquée par les conséquences de ses prises de position. Il va en prison pendant la guerre de 1914-1918, condamné pour pacifisme et opposition à la guerre. Durant ces six mois de cellule, il rédige un traité de philosophie des sciences… Ce n'est que le commencement d'une existence publique mouvementée, où les remous engendrés par son franc-parler interfèrent continûment avec sa carrière scientifique. Russell s'oppose en effet aux conventions de la bourgeoisie, en prônant la liberté sexuelle, notamment pour les adolescents, et se bat pour la tolérance envers les différentes manifestations de la sexualité.

Il a pour sa part quatre épouses successives et sa vie sentimentale et politique défraie la chronique, au point de devenir objet de scandale. En 1940, alors qu'il doit professer aux États-Unis, il est destitué de sa capacité d'enseigner en raison de ses prises de position publiques en faveur de l'avortement et de la liberté sexuelle des mineurs.

Il y a évidemment chez lui un goût de la provocation, joint à une volonté de ne jamais céder sur les questions qui lui paraissent justes. Dès 1910, dans *Éléments d'éthique*, il dénonce le carcan des préjugés et l'étroitesse des jugements de ses contemporains, fustige la pesanteur des interdits religieux, leur oppose une recherche obstinée de l'amour, du bonheur et des libertés.

C'est pour ces raisons que Russell est résolument pacifiste – sauf au moment de la Seconde Guerre mondiale, où il a conscience que mieux vaut s'opposer aux nazis que de s'opposer à la guerre. Mais il critique aussi, dès 1920, le totalitarisme communiste en publiant notamment *Théorie et pratique du bolchevisme*, au retour d'un voyage en URSS où il a rencontré Lénine.

Plus tard, après avoir reçu en 1950 le prix Nobel de littérature pour l'ensemble de son œuvre, il crée avec Einstein un comité contre l'usage des armes nucléaires. Il fonde ensuite, bientôt rejoint par Jean-Paul Sartre, le *Tribunal Russell* contre les crimes de guerre américains au Vietnam. C'est bien une véritable activité de militant – pour la liberté de pensée, la liberté de vivre et les droits de l'homme – qui anime toute son existence.

Mathématicien et amoureux, passionné par la vérité comme par la justice sociale, Russell est profondément marqué par l'empreinte du rationalisme. Il refuse notamment de partager la croyance du christianisme. En 1957, il publie *Pourquoi je ne suis pas chrétien* – ce qui n'a pas arrangé ses relations avec une grande partie de l'opinion britannique et américaine.

Ce qui le caractérise, finalement, c'est en fait d'incarner le désir de vérité sous toutes ses formes – théoriques et pratiques, des plus complexes aux plus simples. Sa question centrale : les êtres humains peuvent-ils connaître quelque chose avec certitude ? Les mathématiques remplissent une partie de ce programme. Mais, dans le domaine de l'éthique, il n'y a en définitive que sentiments et croyances. Il faut que ces croyances soient le moins nuisible et le moins improbable possible. C'est pourquoi, pour Russell, elles doivent se fonder sur les meilleurs sentiments, ceux que l'on peut éprouver pour les autres êtres humains par empathie – seule garantie de diminuer la quantité d'injustice et de souffrance existant dans le monde.

En fin de compte, dans les aventures de la vérité au XXe siècle, la longue vie et les œuvres multiples de Bertrand Russell occupent une place considérable. Le clivage majeur qui les traverse demeure simple à formuler : d'un côté les vérités démontrables et expérimentables de la science, de l'autre les choix affectifs de la morale et de la politique, dont on peut espérer seulement qu'ils soient les moins mauvais possibles. Ce qui exige courage et combat.

De Russell, que lire en premier ?

Histoire de mes idées philosophiques (Gallimard, « Tel », 1989).

Et ensuite ?

Introduction à la philosophie mathématique (Payot, 1991).
Essais sceptiques (Les Belles Lettres, 2011).

Sur Russell, que lire pour aller plus loin ?

Russell, d'Ali Benmakhlouf (Les Belles Lettres, 2004).
La Philosophie mathématique de Russell, de Denis Vernant (Vrin, 2000).

☞ *Avec Bertrand Russell, la logique fournit des modèles pour penser la vérité de manière purement formelle, indépendamment de toute considération subjective.*

☞ *Avec Edmund Husserl, logique et mathématiques sont également à l'honneur, mais pour transformer la philosophie elle-même en connaissance rigoureuse de la subjectivité, par une approche méthodique des faits de conscience.*

• NOM : *EDMUND HUSSERL*

• LIEUX ET MILIEUX

L'université allemande de la fin du XIXe et des premières décennies du XXe siècle (Halle, Göttingen, Fribourg) entre sciences exactes et philosophie.

• 11 DATES

1859 Naissance à Prosznitz en Moravie.
1887 Thèse de mathématiques sur le concept de nombre, après des études de mathématiques et de philosophie.
1891 Publie *Philosophie de l'arithmétique.*
1900-1901 Publie *Recherches logiques.*
1913 *Idées directrices pour une phénoménologie.*
1916 Enseigne à l'université de Fribourg.
1927 Heidegger lui succède à Fribourg.
1929 Conférences à Paris et Strasbourg (*Méditations cartésiennes*).
1933 Se voit interdire l'accès à la bibliothèque de Fribourg par application des mesures antijuives du régime hitlérien.
1935 Conférences à Vienne et à Prague (*La Crise des sciences européennes et la phénoménologie transcendantale*).
1938 Meurt à Fribourg en demandant à être incinéré pour éviter que sa tombe ne soit profanée par les nazis.

• SA CONCEPTION DE LA VÉRITÉ

La vérité, pour Husserl :
repose sur des idéalités indépendantes, selon un modèle proche de celui de Platon,
est accessible à notre connaissance rationnelle,
peut permettre de transformer la philosophie en « science rigoureuse ».

• UNE PHRASE-CLÉ

« Toute conscience est conscience de quelque chose. »

• SA PLACE DANS LA PENSÉE CONTEMPORAINE

Décisive, dans la mesure où la démarche qu'il inaugure en fondant la phénoménologie va marquer sous diverses formes tout le XXe siècle. L'influence de Husserl se prolonge aujourd'hui avec l'exploration méthodique d'une quantité considérable de textes posthumes.

Chapitre 5

Où Edmund Husserl retient la science au bord du gouffre

Faire de la philosophie une « science rigoureuse », voilà le projet de Husserl, dont les répercussions marquent toute la pensée du siècle. Comme Russell, Husserl commence par des études de mathématiques. Son projet théorique se veut avant tout scientifique, soutenu par une méthode entièrement fondée sur la rationalité. Par l'analyse rationnelle des questions et des problèmes, il souhaite atteindre de véritables certitudes – identiques, dans le domaine de la philosophie, à celles de la science.

Ses premiers travaux portent sur de pures questions de mathématiques, liées notamment au travail du mathématicien Gottlob Frege. Tout en les poursuivant, il entame des études de philosophie. De proche en proche, il retrouve les questions fondatrices de la métaphysique. En un sens, Husserl réactive le projet des Grecs, en particulier celui de Platon : contempler des essences éternelles, des idées-formes existant par elles-mêmes, indépendamment de nos capacités mentales ou des structures de notre cerveau. Dans ce cheminement, Husserl est passé par des analyses consacrées à la logique. Pris dans le mouvement de son temps, il travaille, comme Russell là encore, sur ce qui donne leur rigueur première aux mathématiques : les règles mêmes de la pensée.

Husserl se consacre en effet à une œuvre en plusieurs volumes intitulée *Recherches logiques*. Cette dénomination ne renvoie pas seulement à la logique formelle, au calcul des propositions que mettent en œuvre Russell et Whitehead à la même époque dans les *Principia Mathematica*. Les *Recherches logiques* de Husserl ne concernent pas essentiellement la mathématisation des démonstrations ou les aspects purement formels des déductions. Il faut entendre, dans le terme même de « logique », le vieux terme grec *logos* – à la fois « parole » et « raison ».

Constat de départ : nos raisonnements forment des phrases. Ils ne se conçoivent pas sans elles, ni sans leur forme propre d'organisation. Husserl examine donc à quelles conditions nos phrases peuvent s'orienter vers un horizon de vérité. Il faut en premier lieu que ces phrases constituent des « expressions bien formées » – qu'elles se conforment aux règles de la syntaxe de la langue où elles sont énoncées. La phrase « vert est où puisque », par exemple, n'est pas bien formée : adjectif, verbe, conjonction et adverbe s'y juxtaposent sans produire ni sens ni phrase véritable. Nous sommes face à une série de termes français côte à côte – rien de plus.

Qu'une phrase soit bien formée est seulement la première condition. Si je demande : « Le capitalisme est-il orange ? » ou bien « la société industrielle est-elle sucrée ? », ces phrases sont bien formées, elles obéissent aux exigences de la syntaxe. Mais elles ne font pas véritablement sens : ces questions, grammaticalement correctes, ne correspondent à rien.

Recommencer la philosophie

Si la pensée de Husserl s'est d'abord engagée dans cette voie, elle va bien au-delà. Ce philosophe inaugure un changement radical dans l'orientation de la réflexion. Son projet consiste en fait à reconstruire la philosophie, en lui donnant de nouvelles bases. Sa démarche, de ce point de vue, rappelle celle de Descartes. Ce n'est pas par hasard qu'un de ses livres fondamentaux s'intitule *Méditations cartésiennes* (1929) – en hommage aux *Méditations métaphysiques* de Descartes.

De la même manière que Descartes a voulu repartir de zéro et recommencer la philosophie, Husserl veut reconduire la réflexion à son projet fondateur : accéder, par le seul moyen de la raison, à des certitudes de type scientifique, des connaissances véritablement certaines. Il faut, dit-il, « revenir aux choses mêmes », qui ne sont pas les objets matériels que nous rencontrons dans notre quotidien. « Les choses mêmes », ce sont les idées, les essences, les formes idéales que notre raison nous permet de connaître. Fondamentalement, le projet de Husserl est platonicien : son inspiration le porte à atteindre – ou du moins à chercher – des vérités éternelles.

La force de Husserl est de montrer que ces idées – les plus abstraites et les plus théoriques qui soient – s'enracinent dans les expériences concrètes de notre vécu. Cette articulation rarissime d'abstraction pure et d'expérience élémentaire est au cœur de la discipline nouvelle que Husserl nomme « phénoménologie ». Elle constitue, tout au long du XXe siècle, une des écoles majeures de la philosophie contemporaine. Continent à elle seule, elle atteste de l'influence colossale de Husserl, entré depuis dans une ombre relative.

Phénoménologie : le terme est « barbare » – inélégant et lourd –, bien qu'il soit forgé sur des racines grecques.

Mais il ne contient rien de difficile à comprendre. Un phénomène, c'est ce qui *apparaît* à notre conscience. *Phaïnomaï*, en grec ancien, est un verbe signifiant « scintiller » – comme les éclats du soleil sur les vagues en mer –, « briller » et aussi « apparaître ». Pour la tradition philosophique grecque, le phénomène est ce qui nous apparaît du monde, ce qui nous est donné à voir.

Nous pouvons toujours nous interroger sur ce qu'est la réalité ultime, demander si ce que nous percevons correspond ou non à la réalité du monde, mais nous ne pouvons douter que ces phénomènes soient effectivement présents. Le travail philosophique et conceptuel de Husserl s'ancre dans cette donation du monde. Les modalités d'apparition des choses à notre conscience deviennent son domaine d'expérience théorique.

Comment donc ces choses m'apparaissent-elles ? De quelle manière ma conscience se tourne-t-elle vers les objets ? Comment sais-je qu'il y a devant moi un arbre, un verre d'eau, ou un ami en train de me parler ? Quels sont les processus à l'œuvre dans ce que je vis, sens et pense ? Comment les conceptualiser ? Telles sont les interrogations de Husserl.

Il veut élaborer une analyse purement méthodique, conceptuelle et théorique, de ce que nous ressentons. Sa recherche ne porte pas sur ce qui se passe dans le nerf optique ou dans les neurones de celui qui voit un verre d'eau devant lui. Elle ne se réduit pas pour autant à n'être qu'une évocation poétique ou simplement verbale de la vision. L'objectif est d'analyser, de manière véritablement rigoureuse mais seulement philosophique, ce qui est en jeu, tout ce qui est donné et ce qui se transforme, dans cette apparence : un verre d'eau sur la table devant moi.

Pourquoi cette démarche est-elle singulière ? Avant Husserl comme après lui, les recherches se répartissent sur deux versants. On rencontre, d'un côté, des « philosophies du concept », selon une expression consacrée. Centrées sur la science, la logique, les théories mathématiques, elles se désintéressent du vécu individuel. À la subjectivité et au vécu, elles préfèrent les questions de connaissance et de théorie. À l'opposé, ce qu'on a dénommé les « philosophies de la conscience » accordent une place fondatrice à l'existence du sujet et aux processus par lesquels on devient un sujet. Entre ces deux faces de la philosophie, tout au long du XXe siècle, le divorce est profond.

Le caractère unique de Husserl tient au fait qu'il parvient à tenir ensemble les deux versants. Il veut en effet fonder une science des concepts capable de rendre compte des processus à l'œuvre dans la conscience. Il se trouve donc à la charnière de ces deux approches opposées de la philosophie moderne qui, au-delà de son œuvre, ne cesseront de s'ignorer ou de se combattre.

Quelle conscience ?

Intérêt majeur de la phénoménologie : la nouvelle compréhension de la conscience qu'elle inaugure. Au lieu de concevoir la conscience comme une qualité de certains actes psychiques, ou comme une capacité d'anticipation, Husserl met en lumière son activité. La conscience seule, vide, ou « pure », dépourvue de tout objet, de toute sensation ou de toute pensée, est inaccessible. Elle ne se donne que sous la forme d'une conscience de faim, de soif, de douleur ou de bien-être, de lumière ou de pénombre, de froid ou de tiédeur…

« Toute conscience, dit-il, est *conscience de…* » Ce constat célèbre fait découvrir à Husserl ce qu'il nomme *l'intentionnalité* – un des concepts fondateurs de la phénoménologie. L'intentionnalité est le mouvement de la conscience quand elle « vise » un objet. En regardant le verre d'eau que j'ai devant moi, je ne reçois pas dans ma conscience une « impression de verre d'eau » – comme un écran reçoit une image, comme un réceptacle recueille un contenu. Ma conscience n'est ni une boîte ni un vase où viendraient se déverser des données venues du dehors. Elle n'est pas passive.

Au contraire, souligne Husserl, je me dirige par la conscience vers le verre ou vers l'arbre que je regarde. Un geste perceptif, si l'on peut dire, concerne cet objet que je vise, vers lequel se dirige de façon intentionnelle ma conscience. Cette intentionnalité ne se confond pas avec un projet : je ne me dis pas à l'avance que je vais aller regarder ce verre d'eau, mais, en le voyant, je le « construis », si l'on peut dire, autant que je le rencontre. Car la perception n'est jamais entière, complète, donnée d'emblée.

Elle s'élabore à travers des « esquisses » (*Abschattungen,* en allemand) : si je bouge un peu la tête, je verrai le verre d'eau sous un angle différent, si je le regarde par-dessus je n'aurai plus qu'un cercle, si je le vois de côté il sera encore autre. Dans ces variations, j'ai sur l'objet une série de points de vue. Car ma conscience est toujours située : je ne vois rien « de tous les côtés à la fois ». À chaque regard apparaît une « silhouette » de verre d'eau distincte, une esquisse nouvelle, liée à la posture dans laquelle je me trouve.

Pour reconstituer ce verre « dans son intégralité », ma conscience élabore ce qu'elle voit, elle construit sur ce qui est perçu. De la même manière, lorsque je reconnais une personne de dos ou de profil, c'est sans avoir besoin de la voir entièrement. À partir d'une vue partielle, ma conscience reconstitue la totalité.

Pour mener à bien son projet de transformation de notre vécu naïf du monde en champ d'étude rationnelle, Husserl reprend et transforme un concept des sceptiques grecs, l'*épochè*. Ils appelaient ainsi le fait de suspendre son jugement. Ne pouvant savoir avec certitude si ce que je ressens est vrai ou faux, je mets entre parenthèses mon affirmation. Husserl adapte cette notion pour en faire un outil de méthode dans son investigation phénoménologique.

Celle-ci exige que soit suspendue notre « attitude naturelle » vis-à-vis du monde : ce que nous avons l'habitude de penser, de croire spontanément, nous allons le mettre entre parenthèses, par souci de méthode. Ainsi, si je veux étudier rigoureusement en quoi consiste ma conscience percevant ce verre d'eau, il faut que j'écarte tout ce qui est la tendance habituelle, l'attitude normale, pour ne laisser subsister que le phénomène.

La raison ou la barbarie

Malgré ses analyses austères et son style souvent aride, la phénoménologie va susciter, chez les philosophes, une audience considérable et une postérité multiforme. Sans doute ce succès est-il dû au mélange particulier entre des points de départ concrets, ancrés dans les choses et les faits vécus, dans les attitudes les plus communes et d'autre part la volonté d'examen rigoureux, rationnel et conceptuel. Sartre, en lisant Husserl, découvre avec émerveillement que l'on peut parler d'un verre d'eau ou d'une tasse de café tout en faisant de la philosophie de façon rigoureuse. Sartre figure parmi les premiers adeptes de la phénoménologie et importe l'idée d'intentionnalité dans la pensée française avant la Seconde Guerre mondiale.

On ne doit pas oublier que le travail de Husserl a rendu possibles plusieurs des grandes œuvres philosophiques du XXe siècle. On n'imaginerait pas l'existentialisme de Sartre sans l'apport de la phénoménologie, mais il faut en dire autant de la philosophie d'Emmanuel Levinas ou encore celle de Maurice Merleau-Ponty. Plus récemment, Jacques Derrida est directement tributaire de la pensée husserlienne. On ne saurait enfin omettre le principal élève de Husserl, le parricide parmi ses fils spirituels : Martin Heidegger.

Après avoir été l'assistant de Husserl, Heidegger lui succède à la chaire de philosophie de l'université de Fribourg. En un sens, il dépend de l'héritage de la phénoménologie. Mais il le transforme si radicalement qu'il en devient le destructeur. La ligne de partage entre Husserl et Heidegger concerne la relation avec la science et la rationalité. Pour Husserl, il s'agit de faire triompher la raison. Pour Heidegger, il va s'agir de la critiquer, de s'efforcer de passer au-delà de la pensée métaphysique, incarnée exemplairement par les noms de Platon, d'Aristote et de Descartes.

Entre eux, la ligne de partage est aussi politique : Heidegger va se rallier au nazisme, tandis que Husserl – d'origine juive par son père et par sa mère, bien qu'il se soit converti au protestantisme dans sa jeunesse – va au contraire tenter d'empêcher la pensée philosophique de sombrer dans le totalitarisme.

Au bord du gouffre

De ce point de vue, le texte le plus poignant de Husserl, son livre testamentaire, est l'ouvrage familièrement dénommé, par ses lecteurs, la *Krisis – La Crise des sciences européennes et la phénoménologie transcendantale*. Il s'agit d'abord d'une conférence que Husserl donne en 1935 et qu'il transforme ensuite, en l'étoffant grandement, en un livre.

Il y lance un cri d'alarme contre la montée de l'irrationalisme en Europe, mais aussi, et surtout, contre la perte du sens originel du projet philosophique. Les sciences se sont émancipées du mouvement de pensée qui leur a donné naissance en Grèce. Ce faisant, elles ont oublié le projet qui les a fait exister. Pour y remédier, Husserl préconise un retour à l'esprit des Grecs. À ses yeux, il faut restaurer la raison européenne, élément fondateur d'une « humanité rationnelle », définie avec et par la philosophie, et non simplement à partir de coutumes ou de « traits anthropologiques ».

Husserl plaide donc pour la vérité rationnelle, pour l'horizon infini d'une recherche scientifique permanente. Il clôt cette conférence au ton tragique par ce paragraphe, qui mérite d'être cité en entier : « La crise de l'existence européenne ne peut avoir que deux issues : ou bien le déclin de l'Europe devenue étrangère à son propre sens rationnel de la vie, la chute dans la haine spirituelle et la barbarie, ou bien la renaissance de l'Europe à partir de l'esprit de la philosophie, grâce à un héroïsme de la raison qui surmonte définitivement le naturalisme. Le plus grand danger de l'Europe est la lassitude. Combattons en tant que "bons Européens" contre ce danger des dangers, avec cette vaillance qui ne s'effraie pas non plus de l'infinité du combat, et nous verrons alors sortir du brasier nihiliste, du feu roulant du désespoir qui doute de la vocation de l'Occident à l'égard de l'humanité, des cendres de la grande lassitude, le Phénix ressuscité d'une nouvelle vie intérieure et d'un nouveau souffle spirituel, gage d'un grand et long avenir pour l'humanité ; car l'esprit seul est immortel. »

Husserl s'exprime ainsi à Vienne, en mai 1935. Alors que le nazisme est déjà installé au pouvoir, que les persécutions vont croissant. Ce seront, peu de temps après, les lois antijuives de Nuremberg, l'invasion de l'Autriche, la guerre mondiale et la Shoah. Husserl, qui meurt en 1938, ne voit que les premières bribes de cette barbarie qu'il annonce et espère voir écartée. Mais c'est assez pour briser sa vie.

Car on aurait tort de considérer cet esprit cristallin comme un professeur échappant sereinement à l'histoire, un homme à qui rien n'arrive, hormis des aventures conceptuelles et des périples théoriques. Au contraire, si discret qu'il soit, il y a du héros tragique dans le personnage de Husserl. La fin de sa vie est proprement dramatique : au terme des lois raciales de Nuremberg (1936), il est interdit d'enseignement par les nazis au motif de son ascendance juive. Il se voit abandonner par Heidegger, son disciple et successeur, qui ne fait rien pour le défendre ni le réhabiliter. Il meurt en 1938. Dans le silence et la solitude.

De Husserl, que lire en premier ?

La Crise des sciences européennes et la phénoménologie transcendantale. Traduction française de Gérard Granel (Gallimard, « Tel », 2004).

Et ensuite ?

Méditations cartésiennes (Vrin, 2000).
Idées directrices pour une phénoménologie (Gallimard, « Tel », 1985).

Sur Husserl, que lire pour aller plus loin ?

En découvrant l'existence avec Husserl et Heidegger, d'Emmanuel Levinas (Vrin, 2002).
Husserl et l'énigme du monde, d'Emmanuel Housset (Seuil, « Points », 2000).

☞ *Avec Husserl, la vérité ne dépend que de la raison, et l'Europe doit retrouver et reconstruire le projet des Grecs : fonder une humanité philosophique.*

☞ *Avec Heidegger, au contraire, la vérité est masquée et dévoyée par la rationalité, et l'Europe doit détruire la métaphysique, dont les filles sont la science et la technique, pour retrouver le projet des Grecs : faire que l'homme habite en poète.*

• NOM : *MARTIN HEIDEGGER*

• LIEUX ET MILIEUX

La campagne catholique de l'Allemagne souabe, l'université sous le régime nazi, la Forêt Noire et les poètes.

• 12 DATES

1889 Naissance à Messkirch, dans le Bade-Wurtemberg.
1909 S'inscrit à la Faculté de Théologie de Fribourg.
1911 Décide de se consacrer à la philosophie.
1919 Assistant de Husserl à l'université de Fribourg.
1927 Publie *Être et Temps*, rupture avec Husserl.
1928 Succède à Husserl à l'université de Fribourg.
1933 Élu recteur, soutient le régime nazi.
1945 Interdit d'enseignement par les autorités alliées.
1947 *Lettre sur l'humanisme* adressée à Jean Beaufret.
1951 Levée de l'interdiction d'enseigner.
1952-1969 : Nombreuses publications.
1976 Meurt à Messkirch, le 26 mai.

• SA CONCEPTION DE LA VÉRITÉ

La vérité, pour Heidegger :
doit se définir comme « dévoilement »,
donne à voir la présence de l'Être,
se trouve chez les poètes plutôt que chez les scientifiques.

• UNE PHRASE-CLÉ

« La science ne pense pas. »

• SA PLACE DANS LA PENSÉE CONTEMPORAINE

Controversée, car il demeure pour certains le plus grand des penseurs, annonçant et inaugurant une véritable révolution mentale, tandis que d'autres le considèrent comme un prosateur confus et pâteux, vénéré à tort, et politiquement dangereux.

Chapitre 6

OÙ L'ON RAPPELLE QUE MARTIN HEIDEGGER TROUVE QUE HITLER A DE BELLES MAINS

Le nom de Heidegger signale une tentative de rupture dans la philosophie. Rationalité, science, démonstrativité avaient depuis les Grecs partie liée avec la philosophie. Ces liens sont réaffirmés et resserrés par Husserl, comme par tout le mouvement des idées du début du XXe siècle. Heidegger fait l'inverse. Il s'efforce de séparer science et philosophie, rejette la primauté de la logique, ressuscite dans la pensée des courants gnostiques depuis longtemps assoupis malgré les tentatives des romantiques pour les éveiller.

Martin Heidegger est élevé à la campagne, à la fin du XIXe siècle, dans un village catholique et rural de l'Allemagne du Sud. Son père est tonnelier, sacristain à l'église paroissiale, sa mère vit au foyer. Toute sa vie, il veut rester homme de la terre, ancré dans le sol, rétif à la vie urbaine. Il refuse obstinément ce qui est « cosmopolite » et « déraciné ». Les logiques du capitalisme lui demeurent étrangères, la domination technique de la terre lui paraît effrayante. L'instrumentalisation de la nature équivaut à ses yeux à une dévastation criminelle. En cela, il annonce les traits de certains courants écologistes actuels.

Le jeune homme est remarquablement doué. Soutenu par l'Église, il reçoit une sérieuse formation classique, entre au séminaire et entame des études de théologie. À vingt ans, il les abandonne. Il choisit la philosophie, au terme d'une crise personnelle dont on sait peu de choses, sauf qu'elle signe sa rupture affichée avec le catholicisme. Dans l'Université allemande, sa carrière n'a d'abord rien de remarquable. Mais, en 1927, à 38 ans, Martin Heidegger publie un ouvrage qui lui vaut rapidement une renommée éclatante et fait connaître son nom loin des frontières allemandes. Titre abrupt : *Sein und Zeit*, *Être et Temps*. L'écriture est étrange, rendant la lecture difficile même aux lecteurs de langue allemande. Pourtant, le retentissement est immédiat.

La question de l'être

Car le livre étonne, parce qu'il remet en lumière une question fort ancienne, qui semble depuis longtemps oubliée : « le sens de l'être ». Cette question a été entendue par les premiers penseurs grecs. Elle se trouve liée à la présence, au « il y a », au fait qu'il y ait « quelque chose plutôt que rien », et non à la nature des diverses choses existantes. Selon Heidegger, cette question originaire aurait été délaissée par la métaphysique, depuis Platon et Aristote, au profit d'une interrogation sur les propriétés de ce qui existe (les « étants »). Cet oubli de l'être aurait ouvert la possibilité de la science et de la manipulation technique, qui sont les filles de cette métaphysique oublieuse de l'être.

Ce changement de perspective modifie, de proche en proche, une série de questions clés. Les conceptions philosophiques du temps, du sujet, de la nature humaine, de l'histoire se trouvent mises en cause. Heidegger s'emploie à les reformuler. Certains de ses contemporains ont le sentiment qu'il ouvre une mutation de la pensée, et son ton volontiers prophétique et incantatoire ne fait que renforcer cette impression. À l'université de Fribourg, l'enseignement de Heidegger connaît une audience croissante. Ses étudiants – Karl Löwith, Hannah Arendt, Emmanuel Levinas, Hans Jonas, entre autres – ont le sentiment de participer à une aventure extraordinaire. Leur maître, de semestre en semestre, transforme « l'histoire de l'être » en pivot souterrain de toute l'histoire. Ainsi le cours du monde ne dépend plus des heurts militaires, des manœuvres politiques, des rivalités économiques ou des inventions scientifiques. D'une manière plus secrète et plus décisive, la façon dont l'être est pensé vient infléchir et transformer le destin de l'humanité.

Heidegger affirme donc rejouer toute l'histoire de la pensée. C'est une des raisons de son audience. Il n'aborde pas la philosophie comme une série de textes clos, appartenant au passé, il les réactive au contraire d'une manière proprement dramatique. Sans doute ce trait appartient-il, en un sens, à tous les philosophes. Ce qui distingue Heidegger, et donne le sentiment d'une rupture, c'est qu'il prétend remonter jusqu'au cœur des plus anciens dispositifs de la pensée occidentale. À commencer par la question de l'être : il veut rejoindre son sens originaire, décrire l'effacement qu'elle a subi, souligner la puissance qu'elle garde en réserve jusque dans notre présent. Il élabore donc une histoire fondamentale et souterraine, à long terme et grand enjeu, où se décide en sous-main le destin de tout le reste.

La vérité comme dévoilement

Ceci est particulièrement net dans le séminaire sur l'essence de la vérité d'octobre 1931 à février 1932. Ce cours principalement consacré à Platon marque une étape importante dans la clarification de sa conception de la vérité. En 1926, travaillant déjà sur des textes platoniciens, Heidegger avait de la philosophie grecque une vue « ascendante » : la pensée de l'être se déployait de manière progressive – depuis les présocratiques jusqu'à Aristote. Platon représentait alors un moment de radicalisation essentiel de ce qui était en marche depuis les commencements, en particulier avec sa conception de l'idée du Bien dans *La République*.

En 1931-1932, le paysage est fort différent. On voit se mettre en place un schéma destiné à une longue postérité : chez Platon, selon Heidegger, la conception logicienne et démonstrative de la vérité commence à se substituer à celle, originaire et matinale, qui prévalait antérieurement. La pensée grecque, avec Platon, abandonnerait donc son entente originaire avec l'être pour entrer dans le domaine de la métaphysique, marqué par l'« oubli de l'être ». Le cours s'emploie à montrer de quelle manière commence à se mettre en place chez Platon la conception de la vérité comme « adéquation de la chose et de l'esprit » qui triomphe plus tard, à la suite d'Aristote et de ses commentateurs, dans toute la métaphysique et donc, selon Heidegger, dans toute la science et la technique occidentales qui participent du même mouvement.

Cette conception de la vérité met à l'écart ce que dit « originairement » la langue grecque, selon Heidegger, quand elle parle d'*alètheia*. La particularité de ce terme grec est d'être construit de manière privative : ce que nous traduisons par « vérité » se dit à peu près « sans cachette ». Pour rendre le grec *alètheia*, Heidegger utilise en allemand le terme *Unverborgenheit* – que l'on a traduit en français par « dévoilement », « décèlement », « non-occultation », « ouvert sans retrait »…

En dépit de son apparente nouveauté, ce thème est largement tributaire du mythe des origines hérité du romantisme allemand. Remonter aux « significations originaires » est jugé nécessaire parce qu'elles sont considérées comme détentrices d'un sens perdu, qui seul serait capable de nous faire échapper au monde égaré où nous sommes. « Dans ce qui est essentiel, souligne Heidegger, le commencement est l'inaccessible, le plus grand, et c'est parce que nous n'en comprenons plus rien que, chez nous, tout est si entièrement dégradé, ridicule, si déréglé et plein d'ignorance. »

Retrouver ce cœur premier ne revient donc absolument pas à fuir le présent. Il n'est pas question de se réfugier dans l'étude stérile d'un passé à jamais révolu. Il s'agit au contraire de trouver, dans le « pas en arrière » vers l'originaire occulté, le moyen radical permettant de surmonter les impasses de notre temps. Le romantisme allemand, avec Friedrich Schlegel en particulier, ne disait pas autre chose : c'est en remontant à la grandeur parfaite de la première aube que nous allons pouvoir échapper à cette modernité, dégradée et dégradante, où nous errons.

Dans un contexte historique et un vocabulaire différents, Heidegger réactive de nombreux traits de ce mythe romantique. La surestimation de l'origine, et singulièrement des significations originaires de la langue, s'accompagne d'une surestimation du rôle historique de la philosophie et de la poésie : « L'essentiel de la découverte de l'effectif n'a pas eu lieu et n'a pas lieu dans les sciences, mais dans la philosophie originaire, dans la grande poésie et ses projets (Homère,

Virgile, Dante, Shakespeare, Goethe). » Du même coup, les connaissances scientifiques sont explicitement dévalorisées : « Les sciences ne reçoivent leur fondement, leur dignité et leur droit que de la philosophie. » L'histoire est bien tout entière conçue comme un déclin, une déchéance, une lente dégradation de la perfection originaire : « Ce qui est déjà en marche chez Platon, l'exténuation de l'expérience fondamentale [...] et la perte de puissance du mot *alètheia* en sa signification fondamentale n'est que le commencement de cette histoire au cours de laquelle l'homme occidental, en tant qu'existant, a perdu son sol pour finir par être aujourd'hui privé de sol. »

Heidegger veut donc mettre l'accent sur ce que les philosophes n'ont pas pensé, la tache aveugle de leurs élaborations conceptuelles. Au règne de la rationalité, il veut substituer la parole des poètes. Il va s'agir d'attendre une « autre pensée » qui, jusqu'à présent, demeurerait « en retrait ». Dans cet originaire, enfoui sous nos pas, se tiendrait en réserve une promesse d'avenir. À nous de tenter d'y faire retour.

La face sombre

Ce rapport à l'être – empreint de ferveur, de respect et de gratitude, de sérénité – a passé longtemps pour le principal signe distinctif de Heidegger. Du moins dans ce que l'on enseignait le plus souvent à son propos, des années 1960 aux années 1980. Jamais, à cette époque, n'étaient réellement évoqués son engagement dans les institutions nazies, son admiration pour Hitler, ses jugements antisémites, son assourdissant silence sur la Shoah. En ce temps-là, Heidegger n'avait pas de face sombre. Ce n'est plus le cas.

L'ancienne « version officielle » de sa compromission avec le nazisme n'est plus tenable. Elle voulait que Heidegger se soit trompé quelques mois seulement sur la nature du régime hitlérien. Pressé par ses collègues, il aurait accepté la charge de recteur de l'université de Fribourg le 21 avril 1933, avant de démissionner dès le 23 avril 1934. Ces dix mois d'égarement seraient à mettre en balance avec les disgrâces, voire les persécutions, que lui aurait infligées ensuite le régime hitlérien pendant une dizaine d'années.

Telle était la présentation des faits par les plus proches disciples dans les années 1970. Aujourd'hui, cette image pieuse fait sourire. Plusieurs ouvrages ont permis de découvrir une tout autre réalité. Quelques dates et citations permettent de la préciser.

En 1910, le tout premier texte publié par Heidegger l'est dans l'*Allgemeine Rundschau*, une revue de tendance antilibérale et antisémite. Il y célèbre la figure du prédicateur augustinien Abraham a Sancta Clara, connu pour son nationalisme virulent et son appel aux pogroms contre les juifs. Pour le jeune Heidegger, cette « tête de génie » a cherché « la santé du peuple, dans son âme et dans son corps ». Bien plus tard, en 1964, Heidegger, devenu célèbre, continuera à voir dans ce pourfendeur des juifs et des Turcs un « maître pour notre vie ».

En 1916, le 18 octobre, il écrit à sa femme Elfriede : « L'enjuivement (*Verjudung*) de notre culture et des universités est en effet effrayant et je pense que la race allemande (*die deutsche Rasse*) devrait trouver suffisamment de forces intérieures pour parvenir au sommet. » En 1918, le 17 octobre, il lui confie : « Je reconnais, de manière toujours plus pressante, la nécessité de Führers. » En 1920, le 12 août, il conclut : « tout est submergé par les juifs et les profiteurs ».

En 1932, comme l'a récemment confirmé son fils Hermann, Heidegger vote pour le parti nazi. En 1933, le 12 mars, il écrit – toujours à Elfriede –, à propos du philosophe Karl Jaspers, qui est de ses proches amis : « Je suis ébranlé de voir comment cet homme, purement allemand, à l'instinct le plus authentique, qui perçoit la plus haute exigence de notre destin [...] demeure lié à sa femme ». Celle-ci – faut-il donc le préciser ? – est juive. À Jaspers, qui lui demande comment un homme cultivé comme lui peut avoir la moindre admiration pour le personnage vulgaire et fruste qu'est Hitler, Heidegger répond : « Il a de si belles mains »...

Devenu recteur dans l'Allemagne du IIIe Reich, Heidegger s'efforce de révolutionner l'Université afin qu'elle soit à la hauteur du destin supposé du peuple allemand. Sa prétendue disgrâce, après sa démission, ne résulte nullement de sa « résistance », mais de querelles internes entre idéologues nazis. Son *Discours du rectorat* devient au contraire un classique du nazisme, souvent cité par les organisations étudiantes antisémites, réédité à des milliers d'exemplaires jusqu'en... 1943 ! Après la Nuit des longs couteaux, le 30 juin 1934, Heidegger participe, en septembre, à un projet d'Académie des professeurs du Reich, où il propose de « repenser la science traditionnelle à partir des interrogations et des forces du national-socialisme ». Encore en 1943, alors que la pénurie de papier est à son comble, les éditions Klostermann se voient accorder par le ministère une livraison spéciale pour... imprimer les œuvres de Heidegger. Persécuté ?

Après la guerre, interdit d'enseignement à vie par les autorités alliées, finalement autorisé à enseigner de nouveau en 1951 seulement, Heidegger ne condamnera jamais explicitement le nazisme. De même qu'il ne prendra pas position sur l'assassinat des millions de juifs. À ce silence, qu'il maintient même quand le poète Paul Celan lui rend visite à ce sujet, s'ajoutent les « cordiales salutations de Noël et vœux de Nouvel An » qu'il adresse encore, en 1960, au raciologue Eugen Fischer, fondateur et dirigeant de l'Institut d'hygiène raciale, qui inspira notamment les expériences du docteur Mengele.

Deux faces ou une seule ?

Comment penser le rapport entre Heidegger philosophe et Heidegger militant ? Il y a trois façons de répondre à cette question. La première consiste à nier, purement et simplement, l'existence même d'une face sombre de Heidegger. Une petite troupe de disciples s'acharne à faire croire qu'on calomnie leur maître en rappelant sa ferveur pour la croix gammée. Le résultat est étrange, car il faut alors interpréter chaque geste différemment. Quand Heidegger fait le salut nazi, magnifie le Führer, utilise les termes du vocabulaire racial hitlérien, on doit soutenir qu'il veut dire « autre chose », s'inscrit dans un autre contexte. Ce qu'il fait et dit a toujours une autre portée que celle que l'on croit.

La seconde attitude consiste à tenter de tenir ensemble ces deux faces, dans leur tension, en endurant le malaise que leur opposition suscite. Ceux qui adoptent cette attitude considèrent à la fois que Heidegger est l'un des plus grands penseurs des temps modernes et qu'il fut profondément et intensément nazi. La difficulté à résoudre est alors de savoir où et comment faire passer une frontière entre l'appel de l'être et les sections d'assaut, ou bien d'expliquer comment les deux peuvent se conjuguer.

La troisième issue est de considérer qu'il n'existe que la face sombre, celle que l'on croit claire n'étant que sa face extérieure, ou son apparence vue de loin. Autrement dit, tout se ramènerait, chez Heidegger, à la même source d'inspiration que Hitler – de façon seulement plus contournée, plus verbeuse, plus retorse.

Le fait est qu'en 1933, à Fribourg, Heidegger voit arrêter les syndicalistes, molester les juifs, casser les vitrines des magasins « non aryens ». Il ne prend pas le maquis ou le chemin de l'exil, mais sa carte du parti nazi. En admettant que sa pensée ne l'y poussait pas, rien dans sa philosophie ne l'en a empêché – aucun cran d'arrêt ni garde-fou. À partir de là, on peut préférer cheminer avec d'autres philosophes. Et choisir de l'ignorer.

Reste à savoir pour quels motifs il a tant fasciné, par quels ressorts il a fini par devenir, effectivement, un maître à penser – plus proche, en l'occurrence, des gourous-prophètes que des penseurs scientifiques. Comment s'est mise en place sa rédemption, et l'oubli de ses fautes, alors même que quantité de preuves irréfutables – archives, témoignages des contemporains, travaux d'historiens – ne laissaient aucun doute sur la réalité de son engagement résolu auprès des autorités hitlériennes et des institutions du IIIe Reich ?

Une passion française

À la Libération, les autorités alliées prennent, en pleine connaissance de son dossier, la décision d'interdire définitivement tout enseignement public à Martin Heidegger. De longue date, Georg Lukács l'avait surnommé le « S.A. de la pensée », tandis que Theodor Adorno jugeait sa doctrine « fasciste » de fond en comble.

On peut donc trouver énigmatique la fascination sans équivalent que cet auteur a exercée, en France, durant plus de soixante ans. Aucun autre pays, en

Europe ou ailleurs – à part le Japon –, n'a vu ses librairies submergées de tant de publications de ou sur Heidegger, ses étudiants abreuvés de tant de cours inspirés par Heidegger, ses intellectuels animés, pour la plupart, de tant de pieuse ferveur envers le penseur de la Forêt-Noire.

Cette piété, cette connivence dans l'admiration extatique sont encore loin d'être vraiment élucidées. Comment Heidegger est-il parvenu à se refaire si vite, du côté français du Rhin, une virginité politique et une légitimité intellectuelle ? Dans l'immédiat après-guerre, des communistes comme Henri Lefebvre dénoncent le « nazi Heidegger », des catholiques fervents comme Gabriel Marcel le brocardent. Sartre joue un rôle crucial dans sa réhabilitation, en choisissant de réduire son engagement hitlérien à une vague faiblesse de caractère. Malgré tout, les polémiques se sont poursuivies dans *Les Temps modernes*, en 1947 et 1948, avec notamment les attaques de Karl Löwith et d'Éric Weil contre les dangers de la pensée heideggérienne.

Le sacre français fut l'œuvre de Jean Beaufret, puis de René Char. Le professeur et le poète avaient en commun d'être d'anciens résistants. Tout ce qui était trouble fut donc enterré. Malgré quelques turbulences, comme la découverte et la publication par Jean-Pierre Faye, en 1961, de plusieurs proclamations nazies de Heidegger, la fascination pour cette œuvre devint un des axes de la réflexion française. Des penseurs divers – de Jean-Paul Sartre à Jacques Derrida, en passant par Kostas Axelos, Emmanuel Levinas ou Paul Ricœur, entre autres – eurent en commun de travailler, chacun à sa manière, en relation de proximité, plus ou moins grande, avec la démarche de Heidegger.

Cette attention multiforme, obnubilée ou distante, était dépourvue de sens critique. Heidegger a beau professer que seuls le grec et l'allemand sont des langues philosophiques, il a beau inventer à tour de bras des étymologies farfelues, multiplier les contorsions verbales, fabriquer une gnose poético-écologico-religieuse catastrophiste et incantatoire, désertifier l'histoire de la pensée en retenant seulement quelques philosophes et en passant les autres sous silence, il a beau affirmer que « la science ne pense pas », afficher continûment sa haine du cosmopolitisme et de la modernité, répéter son mépris pour la rationalité, sa détestation de la technique, sa vénération pour le rôle des poètes, il a continué à retenir l'attention au pays de Descartes. Malgré l'existence de travaux qui ont défriché le terrain, cette énigme reste à élucider.

De Heidegger, que lire en premier ?

Questions I et II (Gallimard, « Tel », 1990).

Et ensuite ?

Chemins qui ne mènent nulle part (Gallimard, « Tel », 1986).

Être et Temps (Gallimard, 1986).

Sur Heidegger, que lire pour aller plus loin ?

Martin Heidegger, éléments pour une biographie, de Hugo Ott (Payot, 1990).

Heidegger en France, de Dominique Janicaud (Hachette, 2005).

Heidegger, l'introduction du nazisme dans la philosophie, d'Emmanuel Faye (Le Livre de poche, 2007).

Troisième partie

À LA LIMITE DES MOTS

L'analyse du langage a pris, dans la philosophie du XXe siècle, une importance sans précédent dans l'histoire. Il va de soi que l'existence de la parole, la correspondance des mots et des idées, les structures des langues, et leur origine, avaient constitué de longue date des thèmes importants de la réflexion philosophique. Les interrogations et les disputes qu'ils ont suscitées traversent les siècles. Mais ce n'étaient, en fin de compte, que questions parmi d'autres. Avec le XXe siècle, le langage devient question fondatrice.

Ce qu'on a dénommé le « tournant linguistique » considère toutes les interrogations sous l'angle de leur formulation, à la fois formelle et logique. Apparue notamment chez Russell et chez les logiciens du début du siècle, elle se développe dans les recherches de Ludwig Wittgenstein et dans les travaux du Cercle de Vienne – avant de finir par colorer quasiment toute la réflexion contemporaine. L'attitude principale consiste à éliminer les problèmes mal posés, les questions sans objet générées par notre inattention aux tournures de la langue, nos confusions entre des manières de dire et des réalités.

Une large part de la philosophie s'est transformée en analyse du langage quotidien, ou en exploration des écarts entre façons de parler de tous les jours et rigueur d'une langue purement logique. En outre, cette métamorphose rejoint d'autres aspects des mutations du vocabulaire au XXe siècle.

En effet, quand on parle de « solution finale » pour désigner l'assassinat et la crémation de millions de Juifs, quand les arrestations, déportations, mises à mort sont dénommées « nettoyage », « épuration » ou « traitement spécial », la déshumanisation passe aussi par les façons de s'exprimer. En fait, quantité de termes anciens sont vidés de leur sens par l'avènement des totalitarismes. Les noms mêmes de « citoyen », de « liberté publique », de « politique » semblent des formules vides. On ne sait désormais ni ce qu'ils voulaient dire précisément hier ni ce qu'ils pourraient signifier demain. Tout est à reconstruire.

Si le domaine politique est un paysage de ruines, celui des sciences semble moins atteint : leur langage n'est-il pas précis, objectif, construit sur mesure pour rendre compte des observations et des expérimentations ? Voilà pourtant que même cela est mis en cause : la traduction des termes, d'une langue à une autre, se révèle imparfaite et l'idée même de signification n'est pas aussi solide qu'on pense.

Ces moments fondateurs de l'interrogation contemporaine sont liés aux œuvres que l'on va à présent rencontrer. Ludwig Wittgenstein scrute notre rapport aux mots pour dissoudre les faux problèmes que nous construisons à partir de nos mésinterprétations des tournures quotidiennes. Hannah Arendt cherche comment les termes centraux du politique se sont vidés de leur sens, et dans quelle direction pourrait commencer leur éventuelle reconstruction. Willard Van Orman Quine souligne les limites du langage scientifique, la complexité trompeuse des notions de traduction et de signification.

Tous les trois, avec des méthodes différentes, entraînent l'ensemble de la pensée contemporaine sur des voies nouvelles, marquées par l'attention au langage. Désormais, toute la réflexion sur la vérité, son sens et son statut, passe par l'analyse des « jeux de langage ». Une tendance qui ne cesse de s'amplifier jusqu'à aujourd'hui.

• NOM : *LUDWIG WITTGENSTEIN*

• LIEUX ET MILIEUX

Vienne au temps de sa splendeur, et Cambridge comme refuge de la pensée. Mais aussi une cabane solitaire en Norvège, pour aventurier en quête de certitude.

• 9 DATES

1889 Naissance à Vienne, dans une famille richissime.
1911 S'installe à Cambridge auprès de Bertrand Russell.
1914-18 Engagé volontaire dans l'armée autrichienne. Blessé et prisonnier en Italie. Ecrit son premier livre.
1919 Renonce à sa fortune, devient instituteur en montagne.
1921 Publie son premier livre, *Tractatus logico-philosophicus.*
1929 Retourne à Cambridge.
1935 Voyage en URSS.
1939 Élu professeur à l'université de Cambridge, enseigne dans son appartement.
1951 Meurt d'un cancer.

• SA CONCEPTION DE LA VÉRITÉ

La vérité, pour Wittgenstein :
ne se distingue pas de nos manières de parler,
s'analyse en termes logiques et linguistiques,
doit être approchée en nettoyant la pensée des erreurs générées par nos usages des mots.

• UNE PHRASE-CLÉ

« Ce qu'on ne peut dire, il faut le taire. »

• SA PLACE DANS LA PENSÉE CONTEMPORAINE

Devenue centrale, à mesure qu'ont été publiés ses cahiers, notes de cours et textes posthumes. Limitée de son vivant à un cercle restreint, l'audience de sa pensée n'a cessé de croître au fil des dernières décennies. Elle est aujourd'hui impossible à ignorer.

Chapitre 7

Où l'on découvre comment Ludwig Wittgenstein entreprend de nettoyer la pensée

Comment nous servons-nous des mots ? Comment se fait-il qu'ils correspondent à la réalité ? Quand arrive-t-il que nous prenions les mots pour des réalités, alors qu'ils ne sont que des façons de dire ? Par quel moyen pouvons-nous nous rendre compte de ces méprises ? Est-il possible d'y mettre un terme ? Ou de les atténuer ? Voilà le genre de questions qui n'ont cessé de tarauder Ludwig Wittgenstein.

C'est à sa façon un personnage de roman. Ingénieur, soldat, jardinier, instituteur, architecte, professeur, ermite, brancardier… il ne cesse de changer d'apparence. Son génie nomade rompt avec quantité d'entourages, tout en élaborant une œuvre immense et radicale. Sa démarche philosophique, décisive et atypique, est une des plus originales des temps modernes. Rien d'étonnant à voir son influence croître sans cesse depuis sa disparition en 1951.

Il a fallu du temps pour prendre la mesure de son apport, puisqu'il ne publie presque rien de son vivant. Ce qui le passionne d'abord ? Musique et mécanique. La musique est inévitable, quand on naît à Vienne, en

1889, dans un palais où voisinent sept pianos et où tout le monde est névrosé et virtuose – c'est pour Paul, le frère pianiste qui perdit un bras à la guerre, que Ravel composera le *Concerto pour la main gauche*. Brahms est un intime de la famille, comme le peintre Klimt et bon nombre d'artistes. Le père, Karl, est richissime : il reçoit les Carnegie et les Krupp. Mais ce maître de forges est un ami des arts nouveaux, il aime particulièrement ce qui choque les bourgeois autrichiens.

L'enfant et la machine à coudre

Le petit Ludwig ne rêve pas seulement de devenir chef d'orchestre. Il fabrique seul, de toutes pièces, à onze ans, une machine à coudre. Roues dentées, moteurs, avions forment son univers. Il fréquente, à Linz, une école privée. Dans sa classe, un certain Adolf Hitler. Il n'est pas impossible que Ludwig soit le jeune juif brillantissime dont parle Hitler, et dont il voudra plus tard se venger. Toutefois, il convient aussi de prendre garde à la prolifération de la fiction. Mieux vaut se méfier de la tendance qui consiste à finir par voir Wittgenstein partout.

À vingt ans, il entame des études d'ingénieur et part à Manchester apprendre les systèmes de propulsion des avions. Les mathématiques commencent à le passionner, et bientôt les questions logiques et philosophiques qu'elles soulèvent. Il va suivre à Cambridge les cours de Bertrand Russell, qui vient de publier avec Whitehead les *Principia Mathematica*. Visiblement, Wittgenstein est attiré par la théorie logique pure et l'abstraction philosophique. Il hésite pourtant. Est-ce bien sa voie ?

Dans *Portraits of Memory*, Russell se souvient de ce jeune homme pas comme les autres : « Il était étrange, et ses notions me paraissaient bizarres, de sorte que tout un trimestre je ne pus me résoudre à savoir si c'était un homme de génie ou simplement un excentrique. À la fin de son premier trimestre à Cambridge, il vint me voir et me dit : "S'il vous plaît, dites-moi si je suis complètement idiot ou pas." Je répondis : "Mon cher, je n'en sais rien, pourquoi me le demander ?" Il dit : "Parce que, si je suis complètement idiot, je deviendrai aéronaute ; sinon, je deviendrai philosophe." Je lui dis de m'écrire quelque chose, pendant les vacances, sur un sujet philosophique, je lui dirais alors s'il était complètement idiot ou non. Au début du trimestre suivant, il m'apporta le résultat de cette suggestion. Après avoir lu une seule phrase, je lui dis : "Non, vous ne devez pas devenir aéronaute." Et il ne le devint pas. »

Il devint soldat, car la guerre venait d'éclater. Affecté à un torpilleur sur la Vistule, Wittgenstein écrit son premier livre sur de petits carnets – dans le bruit des machines, la fatigue et le froid. Objectif : en finir avec la philosophie. L'essentiel réside dans une critique du langage capable de dissoudre les questions artificielles de la métaphysique. Les seules phrases pourvues de sens décrivent des faits, des événements ayant lieu dans le monde. En quoi consiste le monde lui-même, sa texture, sa présence ? Voilà qui demeure impossible à dire.

Si je dois répondre à la question « qu'est-ce que le vert ? » posée par quelqu'un qui n'en sait rien, je ne peux que dire « c'est ça »… en lui montrant quelque chose de vert. Cette réalité extérieure au langage, nous pouvons la montrer du doigt et l'éprouver, mais pas la dire. Wittgenstein la nomme « le mystique ». L'erreur la plus commune est de vouloir exprimer cet indicible. Contre cette illusion, il pose comme règle : « *Ce qu'on ne peut dire, il faut le taire.* »

Instituteur en Basse-Autriche

Le court volume qui rassemble ses analyses est affublé d'un titre dissuasif : *Tractatus logico-philosophicus.* Publié en 1921, il est vite considéré par les lecteurs capables de le comprendre (ne fût-ce qu'en partie…) comme un des plus grands ouvrages de son temps. Wittgenstein, lui, s'en désintéresse complètement. Il est déjà ailleurs. Il hérite d'une part de l'immense fortune paternelle, et s'en débarrasse aussitôt par un don à ses frères et sœurs – moins perturbés par cet argent, explique-t-il, que ne l'auraient été de pauvres gens. Après avoir été quelque temps jardinier au monastère de Hütteldorf, en Basse-Autriche, il décroche son diplôme d'instituteur, mais part se construire une cabane en Norvège à Skjolden, au bord d'un lac désert. Il y vit le temps d'un été, avant d'apprendre à lire et à compter aux petits montagnards autrichiens dans des villages perdus : Puchberg, Trattenbach, Otterthal… Au bout de quelques années, il se lasse. Contrairement à ce que Rousseau laissait espérer, les paysans sont mesquins, leurs enfants bornés.

Qu'est-il allé faire dans ces coins perdus ? « Il est devenu complètement mystique », écrit Russell. Angoisse et instabilité ne le quittent jamais, son homosexualité le rend coupable. Keynes, en 1924, tente de le remettre au travail. « Tout ce que je devais réellement dire, je l'ai dit et, par le fait, la source est tarie. Cela sonne curieusement, mais c'est ainsi », répond Wittgenstein. Il lui faut encore quelque temps avant de retrouver le chemin de l'université. Il construit une maison à Vienne pour sa sœur Margarete, dessine les plans, les portes, les serrures, les radiateurs… On peut l'admirer encore sur la Kundmanngasse. Son style d'architecture évoque celui de Loos.

Wittgenstein revient finalement à Cambridge en 1929. Il soutient sa thèse de doctorat sur le *Tractatus*, en précisant aux membres du jury, dont Russell : « Ne vous en faites pas, je sais que vous n'y comprendrez jamais rien. » Devenu professeur, cet énergumène ne fait rien comme tout le monde. Au lieu de donner des cours, il réunit quelques étudiants dans sa chambre et leur dicte, interminablement, ses pensées. Sous la forme de devinettes curieuses, de jeux qui ressemblent à des histoires à dormir debout. Au premier abord, car de proche en proche, à force de repasser à proximité des mêmes énigmes par une série de circuits différents, le paysage entier se trouve transformé.

« Une vie merveilleuse »

Celui que les experts nomment aujourd'hui « Wittgenstein II » invente alors une manière nouvelle de penser. Il critique ses analyses antérieures. Ce qui l'intéresse : démêler les multiples manières que nous avons d'actionner les mots, de nous « débrouiller » – ou de nous « embrouiller » – avec le sens fluctuant que nous leur attribuons. « Un mot n'a pas un sens qui lui soit donné pour ainsi dire par une puissance indépendante de nous ; de sorte qu'il pourrait y avoir une sorte de recherche scientifique sur ce que le mot veut réellement dire. Un mot a le sens que quelqu'un lui a donné. » Il poursuit, loin de sa rigidité d'autrefois : « Beaucoup de mots n'ont pas de sens strict, mais ce n'est pas un défaut. Penser le contraire serait comme de dire que la lumière de ma lampe de travail n'a rien d'une véritable lumière, parce qu'elle n'a pas de frontière nette. »

Ces années de promenade à haute voix dans la pensée le mobilisent mais ne le satisfont pas. Des cahiers ronéotés circulent. Le penseur continue d'expérimenter, mais ne publie rien. Il poursuit son errance imprévisible, part en URSS, retrouve ensuite sa cabane en Norvège, revient enfin à Cambridge, s'y voit attribuer une chaire prestigieuse en 1939. Il la quitte pendant la guerre pour devenir brancardier, démissionne de l'université à la fin des combats et repart vivre, en Irlande cette fois, dans une hutte de pêcheur. D'autres périples encore occupent la fin de sa vie : États-Unis, retour à Vienne, dernier passage en Norvège. Chercheur de repos toujours en mouvement, Wittgenstein meurt d'un cancer le 29 avril 1951. Dernière phrase : « Dites-leur que j'ai eu une vie merveilleuse. » Plaisanterie ultime ou bien, tout simplement, vérité ?

La chasse au faux problème

Car sa vie, en un sens, fut merveilleuse. Selon d'autres critères, évidemment, que la réussite sociale, financière ou académique. Avec une extraordinaire liberté, il a inventé une manière – fiévreuse et fragile, inflexible et inquiète – de poursuivre sa quête. Mais que cherchait-il au juste ? Comment définir le style de sa pensée ? « Ce que nous faisons consiste à nettoyer nos notions, à clarifier ce qui peut être dit du monde. » En départageant ce que peuvent nos mots et leur usage et ce qui reste hors de portée du langage, il a perfectionné la chasse au faux problème.

Son activité propre ne consiste pas à « faire » de la philosophie, mais plutôt à la défaire. Il ne travaille jamais pour perpétuer la masse de questions engendrée par vingt-cinq siècles de rumination métaphysique. Au contraire, il entreprend d'y faire le ménage. Mieux : il rêve d'abord de parvenir, à la limite, à dissoudre cette carapace. À ses yeux, la plupart des problèmes naissent d'illusions, d'erreurs et de malentendus engendrés par nos manières de dire. La réflexion doit mener « un combat contre la fascination que des formes d'expression exercent sur nous ».

À Cambridge, pour défaire ce qu'il nomme joliment les « crampes mentales », Wittgenstein cherche à distinguer les usages que nous faisons des mots. Si nos termes ont l'air d'être toujours les mêmes, nous ne leur donnons pas un sens identique pour interroger ou affirmer, commander ou décrire, supposer ou geindre. Pour faire saisir ces situations distinctes, Wittgenstein invente des « jeux de langage » – courtes fictions, descriptions de mondes imaginaires. Dans un univers qui durerait seulement vingt minutes, imaginons qu'une institutrice apprend à compter à ses élèves. Dirions-nous qu'elle fait des mathématiques ? Ou bien : quand nous crions « Aïe ! », pouvons-nous penser à de l'ail ? Ou encore : si l'on imagine Goethe essayant d'écrire une symphonie de Beethoven, pourquoi éprouve-t-on un sentiment de gêne ?

L'étrangeté apparente de ces jeux peut évoquer certaines pratiques du bouddhisme zen. Il existe d'autre points de proximité : l'intention de « nettoyer » la pensée, de se défaire des crispations, de promouvoir une doctrine-outil. Wittgenstein compare son travail à une échelle : indispensable pour grimper, on ne l'emmène pas avec soi une fois passé le mur – ce qu'on peut rapprocher du Bouddha comparant sa doctrine à un radeau, qu'on ne porte pas sur son dos une fois parvenu à l'autre rive. On ajoutera à ces éléments de parallélisme possible une dimension existentielle de la pensée, entraînant une modification de la vie. « Le travail en philosophie [...] est avant tout un travail sur soi-même », écrit-il, ajoutant ailleurs : « La solution du problème que tu vois dans la vie, c'est une manière de vivre qui fasse disparaître le problème. »

La meilleure façon de nettoyer la pensée serait-elle de transformer son existence ? Wittgenstein semble l'avoir cru. On le comprend mieux depuis une dizaine d'années, grâce à la découverte de ses *Carnets*, qu'on croyait perdus, rédigés à Cambridge et à Skjolden, dans sa hutte de Norvège. On y découvre un homme qui rêve de composer des mélodies, craint d'être happé par la folie et considère que la philosophie n'a que le faible pouvoir « d'apaiser l'esprit sur des questions insignifiantes ». Ce Wittgenstein-là demeure un chercheur d'absolu en solitaire. Il traque Dieu et ne trouve personne, mais avec un grand style… « Une âme qui, plus nue qu'une autre, va du néant à l'enfer en traversant le monde, fait une plus grande impression sur le monde que les âmes bourgeoises habillées. »

Cette phrase, évidemment, parle aussi de lui. Et peut-être, paradoxalement, de sa « vie merveilleuse ». Demeurer toujours « une âme plus nue qu'une autre », ne jamais interrompre le voyage, ne cesser ni de chercher ni d'errer, être un génie sans prendre la pose, enseigner à Cambridge mais s'en moquer tout à fait, aller au cinéma voir des westerns plutôt que d'écrire un article pour la revue *Mind*, nettoyer constamment la philosophie et mettre une cravate, un jour, pour offrir dans sa loge des roses rouges à Yvette Guilbert… sans doute est-ce cela, une vie merveilleuse.

Un homme sans certitude

La place de Wittgenstein demeure malaisée à délimiter, et les discussions autour de la portée de son œuvre demeurent ouvertes. Schématiquement, il est devenu habituel de distinguer une première partie de son trajet – celle du *Tractatus logico-philosophicus*, ou encore « Wittgenstein I » – destinée à en finir avec la philosophie. Celle-ci ne construirait rien, ne changerait nullement le monde, mais au contraire laisserait tout en l'état. Son impact est seulement critique.

L'essentiel de l'activité philosophique, pour ce Wittgenstein première manière, est une critique du langage qui doit aboutir à une sorte d'autodissolution. Les seules phrases pourvues de sens sont celles qui décrivent des faits, des événements ayant lieu dans le monde. En ce sens, la science est possible et ne fait que dire le monde. Mais ce monde lui-même – sa texture, sa présence – demeure impossibles à dire. L'erreur la plus commune consiste à tenter d'exprimer cet indicible. La métaphysique, de ce point de vue, est impossible et illusoire.

Avec ce court volume, l'affaire est-elle close ? Wittgenstein semble parvenu à démêler ce qu'il convient de faire pour utiliser légitimement nos phrases et ce qu'il faut éviter pour ne pas tomber dans le verbiage creux des philosophes. Voilà qui suffit. Pourtant, dans les années 1930, à Cambridge, bien des éléments se modifient. Les jeux de langage diversifient grandement les approches et les perspectives. Et les *Investigations philosophiques*, ainsi que les *Fiches*, marquent la rupture de « Wittgenstein II » avec la pensée de son prédécesseur, « Wittgenstein I ».

Il se pourrait qu'on ne doive pas en rester à cette commode mais schématique bipartition entre « I » et « II ». Au soir de sa vie, entre 1949 et 1951, Wittgenstein rédige une suite de notes, numérotées de 1 à 676, la dernière étant griffonnée deux jours avant sa mort. Le texte, publié sous le titre *De la certitude*, peut déconcerter. Il n'expose pas, de manière classique, le développement d'une analyse suivie. Il revient plutôt, de séquence en séquence, sur les mêmes difficultés, vues chaque fois d'un point de vue différent. But : défaire un nœud de faux problèmes enchevêtrés. Moyens : humour et logique, incarnés par des histoires, au premier regard insolites ou loufoques.

En voici quelques exemples :

> 430. Je rencontre un Martien et il me demande : « Combien d'orteils ont les êtres humains ? » – Je dis : « Dix. Je vais te le montrer », puis je me déchausse. S'il s'étonnait que j'aie su cela avec tant d'assurance sans avoir regardé mes orteils, vais-je dire : « Nous autres, être humains, savons combien d'orteils nous avons, que nous les voyions ou non » ?
>
> 450. Je suis assis avec un philosophe dans le jardin ; il dit à maintes reprises : « Je sais que ceci est un arbre » tout en désignant un arbre près de nous. Une tierce personne arrive et entend cela, et je lui dis : « Cet homme n'est pas fou. Nous faisons de la philosophie. »

Que tente de dissoudre ainsi Wittgenstein ? Une fausse conception, typiquement philosophique, du doute et du savoir. Dire, face à un arbre, que nous savons que c'est un arbre, voilà bien une situation… qui n'arrive jamais ! Si on la fabrique artificiellement, on forge en même temps l'illusion d'un savoir qui ne correspond à rien. De son point de vue, il n'y a pas de sens à dire « je sais que ceci est ma main », ou « j'ai dix orteils, j'en ai la certitude ». Car, en fait, nous n'y pensons jamais. Du coup, ce qui caractérise la certitude n'est pas d'être explicite, mais au contraire de demeurer silencieuse.

Personne ne doute que la Terre existait il y a cent ans. Peut-on dire que chacun d'entre nous le « *sait* » ? L'homme raisonnable, insiste Wittgenstein, *n'a pas* certains doutes. Mon nom est-il bien mon nom ? Mes deux mains disparaissent-elles quand je dors ? La langue que je parle est-elle bien celle que je crois parler ? L'adresse de mon domicile est-elle bien celle que je crois connaître ? Autant de questions qu'on se pose seulement si l'on est fou, ou philosophe. Dans la vraie vie, il en va tout autrement : « 476. L'enfant n'apprend pas que les livres existent, que les fauteuils existent, etc., – il apprend à aller chercher des livres, à s'asseoir dans des fauteuils, etc. »

À la certitude comme produit artificiel qui aurait su résister à la grande machine à douter des philosophes, Wittgenstein oppose une certitude-forme de vie. Au lieu d'être un point d'arrivée, c'est un point de départ – une sorte d'évidence animale intégrée à l'action. Cette certitude n'est pas intellectuelle ou conceptuelle. Elle ne résulte pas des doutes, elle nous permet de les construire, c'est elle qui constitue la toile de fond. Au commencement est la certitude. Si évidente, si ancrée dans l'action et l'usage, si corporelle qu'il faut renoncer à toute idée de la justifier logiquement.

On est encore loin d'avoir vraiment appréhendé cette révolution. Si on la prend au sérieux, toute la question du savoir est à poser autrement. Au « je sais que je ne sais rien » de Socrate, au « que sais-je ? » de Montaigne, au « que puis-je savoir ? » de Kant, il faut désormais ajouter la perturbation de Wittgenstein. Elle se résume ainsi : « Je vis d'abord, je sais ensuite. » Ou bien, si on veut le dire à sa manière : « Je ne savais pas que j'avais dix orteils avant qu'un Martien ne me pose la question. »

De Wittgenstein, que lire en premier ?

De la certitude, traduction de Danièle Moyal-Sharrock (Gallimard, « Bibliothèque de philosophie », 2006).

Et ensuite ?

Le Cahier bleu et le Cahier brun (Gallimard, « Tel », 2004).

Tractatus logico-philosophicus (Gallimard, « Tel », 2001).

Sur Wittgenstein, que lire pour aller plus loin ?

Invitation à la lecture de Wittgenstein, de Gilles-Gaston Granger (Alinéa, 1990).

Wittgenstein et les limites du langage, de Pierre Hadot (Vrin, 2004).

Wittgenstein. Les sens de l'usage, de Sandra Laugier (Vrin, 2009).

Wittgenstein : la rime et la raison, de Jacques Bouveresse (Éditions de Minuit, 1973).

☞ *Avec Wittgenstein, ce qui compte, c'est l'usage des mots, et non pas leur contenu propre. L'essentiel réside dans la fonction qu'ils remplissent, et la manière dont nous nous en servons.*

☞ *Avec Hannah Arendt, ce qui compte, c'est le chemin pour tenter de reconstruire un sens à des mots devenus, après les guerres et les totalitarismes du* XX*e* *siècle, comme des coquilles vides : cité, citoyen, liberté, pouvoir.*

• NOM : *HANNAH ARENDT*

• LIEUX ET MILIEUX

De l'université allemande avant l'arrivée des nazis au pouvoir aux universités américaines, en passant par Paris, une vie entière de voyages, de bohème et d'écriture incessante.

• **10** DATES

1906 Naissance à Hanovre le 14 octobre.

1928 Après des études de philosophie auprès de Husserl et de Heidegger thèse avec Jaspers, *Le Concept d'amour chez saint Augustin.*

1933 Quitte l'Allemagne nazie pour la France.

1941 Quitte la France pour les Etats-Unis.

1951 Devient citoyenne américaine, publie *Les Origines du totalitarisme.*

1955-1967 Enseigne la philosophie dans diverses universités américaines.

1958 Publie *Condition de l'homme moderne.*

1963 Publie *Eichmann à Jérusalem.*

1967 Professeur de philosophie à la New School for Social Research (New York).

1975 Mort à New York le 4 décembre.

• SA CONCEPTION DE LA VÉRITÉ

La vérité, pour Arendt :

se définit par rapport à l'action,

est liée à la pluralité des conceptions humaines,

dépend des conditions historiques et politiques de chaque époque.

• UNE PHRASE-CLÉ

« Les mots justes trouvés au bon moment sont de l'action. »

• SA PLACE DANS LA PENSÉE CONTEMPORAINE

Va en s'accroissant, car les thèmes qu'elle aborde et les thèses qu'elle soutient rencontrent un écho de plus en plus vif. Naguère jugée secondaire, son œuvre est aujourd'hui considérée parfois comme centrale pour comprendre la modernité.

Chapitre 8

Où Hannah Arendt cherche comment reconstruire une Cité dans des ruines

« Il y avait en elle une intensité, une direction intérieure, une recherche instinctive de la qualité, une quête tâtonnante de l'essence, une façon d'aller au fond des choses, qui répandaient une aura magique autour d'elle. On ressentait une absolue détermination à être soi-même, qui n'avait d'égal que sa grande sensibilité. » Ainsi s'exprime le philosophe Hans Jonas, le jour des obsèques de Hannah Arendt, à New York, le 8 décembre 1975. Il évoque la toute jeune étudiante juive, étonnamment géniale, qui suivait avec lui, un demi-siècle auparavant, les cours de Heidegger à Marburg. Mais ces phrases s'appliquent aussi à toute la trajectoire, vie et œuvre mêlées, de cette femme qui prit le risque de penser les obscurités du siècle pour qu'un peu de lumière y redevienne possible.

En fait, Hannah Arendt n'a jamais cessé de vouloir comprendre. Pour celle qui fut, dès ses quatorze ans, lectrice de Kant dans la ville où il vécut, à Königsberg même, ce désir obstiné prit d'abord une tournure purement philosophique. Peu douée pour les demi-mesures, elle va étudier, dans l'Allemagne des années

1920, auprès des meilleurs : Heidegger, Bultmann, Jaspers. Ces premières années sont marquées par la fièvre des découvertes, l'exigence d'élucider le présent, et la passion qu'elle partage avec Heidegger – et un premier livre, sa thèse, *Le Concept d'amour chez Augustin*, publié en 1929.

1933 marque une première cassure dans son parcours. Heidegger célèbre les vertus du Führer et veut réformer l'Université, elle est arrêtée en tant que juive et s'évade pour gagner la France. « Je quittai l'Allemagne sous l'empire de cette idée, naturellement quelque peu exagérée : plus jamais ! Jamais plus aucune histoire d'intellectuel ne me touchera : je ne veux plus avoir affaire à cette société. » En France, elle travaille à organiser le départ d'enfants juifs pour la Palestine – jusqu'en 1941, où elle doit s'exiler de nouveau, pour les États-Unis cette fois.

C'est là qu'elle apprendra l'existence des camps d'extermination. Elle s'efforce dès lors de comprendre ce qui défie l'intelligence : la naissance du totalitarisme. Comment la vie politique a-t-elle perdu son sens, le langage sa portée ? Comment l'inhumain est-il devenu possible, non pas chez des monstres, mais chez des hommes très ordinaires ? Par quelles voies pouvons-nous réinventer un monde qui dépasse ce désarroi ? Telles sont les interrogations au centre de ses réflexions.

Sans rompre avec les philosophes, dont elle ne cesse d'interroger les œuvres, Arendt s'engage dans l'élaboration d'une pensée de l'espace propre du politique. Elle cherche à en saisir l'histoire, la fragilité, la contingence, l'opacité. Au ciel immobile des idées, elle préfère les énigmes mouvantes de la Cité, qui semble définitivement perdue. Sa réflexion multiplie les va-et-vient entre Histoire et actualité, sources classiques et événements de l'heure. C'est aussi dans les journaux qu'elle expose des éléments de ses analyses philosophiques.

La banalité du mal

Ainsi, durant les années de guerre, elle publie fréquemment dans *Aufbau*, journal de langue allemande publié à New York. Arendt y défend notamment la nécessité d'une armée juive et le caractère indispensable à la paix mondiale d'un « accord définitif entre Juifs et Arabes ». Sur nombre de points, elle a su, très tôt, voir loin. Et souvent ses propos font scandale. Envoyée spéciale du *New Yorker* au procès d'Eichmann à Jérusalem, ses commentaires suscitent une controverse internationale, qui se prolonge aussi, en France, lors de la première traduction du volume en 1966.

On a souvent jugé intolérable de voir soulignée la collaboration de certains dirigeants des organisations juives avec les nazis. À Gershom Scholem, qui l'accuse de manquer d'amour pour son peuple, Arendt répond : « Vous avez tout à fait raison. Je n'"aime" pas les juifs et je ne "crois" pas en eux : j'appartiens seulement à leur peuple, cela va de soi, au-delà de toute controverse ou discussion. »

Ces polémiques ont parfois masqué le véritable apport de ce livre, à commencer par la question de « la banalité du mal ». Contrairement à des méprises répétées, Arendt ne cherche pas une seconde à « banaliser » les camps de la mort. Elle n'a pas cessé d'écrire que cet événement était sans précédent ni équivalent dans l'Histoire. Mais elle veut comprendre comment ce mal radical a pu être le fait de gens très moyens, bêtement médiocres.

La banale normalité d'Eichmann est terrifiante et suscite l'interrogation. Mais, là aussi, les malentendus guettent. On a fréquemment retenu, comme leçon du livre, que tous les gens ordinaires peuvent se transformer en bourreaux. Arendt ne dit pourtant pas que n'importe quel « Monsieur Tout-le-monde » peut aisément devenir inhumain. Elle cherche plutôt à comprendre pourquoi les monstres sont, en apparence, si peu « monstrueux », si ordinaires.

Ce n'est pas seulement dans les natures individuelles que se joue l'essentiel, pour Arendt, mais dans les dispositifs sociaux et politiques. « Le langage administratif est le seul que je connaisse », dit Eichmann. Quand la pensée se confond entièrement avec le cliché administratif, quand les mots se soumettent à la neutralisation totalitaire, quand on dit « regroupement » au lieu de « déportation » et « traitement spécial » au lieu d'« assassinat », le monde est comme gelé. Car la condition humaine est politique avant d'être naturelle. Si cet espace du politique est dévasté, l'inhumain guette.

Refaire le politique

Rappeler cette place centrale du politique constitue l'apport essentiel de Hannah Arendt à la réflexion contemporaine. Reste à prendre la mesure de ce que signifie cette formule triviale. Dire que la condition humaine est politique, c'est écarter d'emblée la possibilité que l'humain puisse exister isolément. Pas d'être humain sans ancrage dans une existence collective. Si sauvage ou si fruste qu'on l'imagine, il existe comme humain seulement au sein de l'espace constitué par un vivre-ensemble, des règles partagées, des lois s'appliquant collectivement.

Cela, Aristote l'enseignait déjà : l'homme – « animal politique » – vit dans des régimes de pouvoir institués, et non dans l'ordre immuable et tacite de la nature. La réflexion d'Arendt ne se borne évidemment pas à rappeler ce point central. Elle cherche à comprendre comment les cataclysmes du XXe siècle ont pu rendre inaccessible, et même incompréhensible, le cœur du politique et donc la continuité même de l'humain. L'originalité de ses analyses, et leur portée philosophique, n'ont pas été saisies d'emblée.

Arendt paraissait trop journaliste, trop engagée dans les luttes de l'actualité pour être prise au sérieux par les philosophes de métier. Pour qu'on la considère, peut-être était-elle aussi trop limpide et trop directe. Son style est sans contorsions, ses préoccupations sans mystère : totalitarisme, violence, condition humaine, bombe atomique, etc. Du coup, elle a longtemps passé pour une essayiste ou une politologue. Intelligentissime, évidemment. Surdouée, surcultivée, surprenante parfois. Philosophe, non. Pas vraiment.

Elle-même s'en défendait d'ailleurs diablement, et critiquait, dans la tradition philosophique, l'indifférence aux questions de la Cité, l'arrogance de la tour d'ivoire et plus encore les conséquences, funestes pour tous, de ces regards de penseurs royaux fixés sur les nuées pendant que les tyrans tuent à leurs pieds. Heidegger comme Platon, aux deux extrémités de l'histoire européenne, ont l'un comme l'autre trahi Socrate et son immersion dans la parole commune et dans les actions de la Cité.

Cette critique de la désertion des philosophes est elle-même philosophique. Mais il faudra un attentif et subtil travail de lecture, de comparaison et de reconstruction pour saisir exactement le geste d'Arendt, sa puissance et sa spécificité. Sa critique s'adresse en fait à

Husserl comme à Heidegger : la phénoménologie a considéré l'expérience de « l'être au monde » comme trait fondamental de l'existence humaine, mais elle a fait l'impasse sur la relation entre ce monde existentiel et la condition politique. Or le monde humain n'est pas seulement de l'ordre du *Dasein*, de l'être-là donné, il est toujours *Mitsein*, être-ensemble, invention de l'action entreprise à plusieurs. Le monde n'est jamais donné. Pour les humains, il est toujours à faire en commun, fondé par l'action, n'existant qu'en se faisant.

Or ce monde commun, au XXe siècle, a disparu. Il a été anéanti par les camps nazis, la destruction totalitaire et les massacres de masse. Cet échec de la civilisation n'est pas un accident de parcours, un faux pas monstrueux dont les effets seraient temporaires et s'effaceraient d'eux-mêmes, doucement, au fil des ans. L'humain est désormais sans monde. Le voilà qui commence à rêver de fuir la Terre, à tout le moins d'échapper au bornes anciennes qui délimitaient le monde – le corps, le sexe, la reproduction, la durée…

La question se transforme donc. Désormais, elle se pose ainsi : sans monde, ou dans ce paradoxal « monde acosmique », que devient l'humain ? La démarche d'Arendt n'est pas de constituer une nouvelle « philosophie politique », mais de partir du constat de son impossibilité pour parvenir à appréhender philosophiquement les actions politiques effectives. C'est pourquoi Arendt jamais n'abandonne le dialogue avec les philosophes. Certes, ils sont encombrés de préjugés. Certes, on ne peut leur faire vraiment confiance. Mais « qui d'autre pourrait réussir s'ils nous faisaient défaut » ? Elle n'oublie pas non plus les poètes. C'est à René Char qu'elle emprunte l'image du « trésor » de l'action politique. Et toute son œuvre n'est peut-être qu'une manière d'élucider un fragment célèbre de ce poète : « Notre héritage n'est précédé d'aucun testament. »

Avec Karl Jaspers

Sans doute est-ce dans sa correspondance avec celui qui fut son directeur de thèse, Karl Jaspers – pas moins de 400 lettres, échangées principalement entre 1945 et 1969 –, que l'on perçoit le mieux sa manière de travailler et sa façon d'articuler en permanence données de l'actualité et analyses philosophiques. Le tout au milieu d'une existence perpétuellement mobile, difficile, parfois dispersée.

Car après son départ d'Allemagne, Hannah n'a connu longtemps que des moyens de subsistance incertains et des chambres meublées. Si elle pense, c'est dans le désordre et la hâte : « Depuis douze ans, écrit-elle en 1945, je ne connais que par ouï-dire le mot de tranquillité appliqué à l'activité intellectuelle. » Quand elle devient citoyenne américaine, en 1951, la notoriété ne tarde pas. Mais le calme n'est pas son élément : elle enchaîne voyages, conférences, reportages et polémiques.

Les commentaires qu'échangent Arendt et Jaspers sur l'actualité mondiale dessinent un journal du siècle – de la bombe atomique aux premiers satellites, de la guerre de Corée à celle du Vietnam, de la « chasse aux rouges » dans l'Amérique maccarthyste à la révolution culturelle dans la Chine de Mao. L'un comme l'autre ne cessent de chercher à quelles conditions, et sur quels fondements, un monde commun pourrait exister après que tout a été détruit.

Tout détruit… qu'est-ce que cela veut dire ? Que des villes furent rasées et des nations défaites ? Qu'on vit des familles anéanties et des œuvres piétinées ? Que les cadavres ne se comptaient plus ? Pas seulement. Avant, l'histoire avait charrié bien des massacres. Mais les crimes nazis ne vinrent pas s'inscrire dans la liste des tueries guerrières poursuivie de siècle en siècle. Ils furent d'un autre type, jusqu'alors inconnu. Dès 1946, Hannah Arendt tente de comprendre « ce qui s'est réellement passé ». Elle écrit à Jaspers : « Des individus ne sont pas assassinés par d'autres individus pour des raisons humaines, mais [...] on tente de façon organisée d'exterminer la notion d'être humain. »

Vingt ans durant, dans leurs livres comme dans leurs lettres, ils se sont interrogés sur les causes et les répercussions du cataclysme. Ils se demandent de quelle manière aborder le chaos, par quelles voies l'éclairer. Qu'est-ce donc qu'être juif ? Et être allemand ? Ensemble, ils cherchèrent comment, « après », construire encore un monde, une pensée, une action. Avec qui ? Et à partir de quoi ? De telles questions sont vitales, toutes les ressources de l'esprit doivent s'y appliquer : telle est la conviction qu'ils partagent alors. Ils savent impossible d'oublier que toute philosophie a des conséquences politiques. C'est pourquoi, quand ils en parlent, çà et là, ils ne sont jamais tendres envers Heidegger, qu'ils jugent d'une « malhonnêteté tarabiscotée et infantile », dépourvu de caractère, et « capable de vilenies ».

Pour les quatre-vingts ans de Heidegger, Arendt écrit : « [...] Nous ne pouvons nous empêcher de trouver frappant et peut-être scandaleux que Platon comme Heidegger, alors qu'ils s'engageaient dans les affaires humaines, aient eu recours aux tyrans et aux dictateurs. Peut-être la cause ne s'en trouve-t-elle pas seulement chaque fois dans les circonstances de l'époque, et moins encore dans une préformation du caractère, mais plutôt dans ce que les Français nomment une déformation professionnelle. »

À cette condamnation de l'autorité philosophique, voire de la connivence ancienne entre despotisme et métaphysique, répond à sa manière le geste de Jaspers, tentant d'ouvrir la philosophie européenne, de concevoir une perspective réellement universelle, incluant l'Inde et la Chine à côté de l'héritage des Grecs, s'efforçant également d'appliquer sa réflexion au présent, qu'il s'agisse de la culpabilité allemande ou de la bombe atomique. « La philosophie doit devenir concrète et pratique, sans oublier un instant ses origines », écrit-il à Hannah.

Ce qu'ils appellent « politique » demeure en fait à réinventer. Le terme ici n'a rien à voir avec l'engagement, les prises de position publiques, les pétitions et agitations militantes. Le militantisme n'est pas incompatible avec ce qui les préoccupe, mais s'avère d'une autre nature. Que faire pour qu'une Cité redevienne effectivement possible, qui ne soit pas seulement façade ou fiction, mais réalité pensée ? Pour qu'existe un après au totalitarisme, et de nouveau des citoyens ? Ce sont les questions d'Arendt.

Parmi les bribes de réponse, le grand thème de la pluralité – des individus, des groupes, des voix, des opinions, des langues, des cultures. Arendt la considère, de plus en plus nettement, comme le fait humain premier. Cet espace de la pluralité, philosophie et théologie ne peuvent réellement le comprendre. Le totalitarisme tente évidemment de l'anéantir. Si la pluralité est la condition du politique, son essence même, à quelles conditions y a-t-il une politique de l'humanité ?

Requiert-elle que l'humanité soit une ou plurielle ? En quel sens pouvons-nous aujourd'hui entendre cette unité et cette pluralité, après les totalitarismes ? Toute la pensée de Hannah Arendt, après guerre, tourne autour de ces questions. On pouvait penser que le fracas de l'Histoire avait définitivement mis un terme à sa relation avec Martin Heidegger. Entre l'intellectuelle américaine juive de gauche et l'ancien recteur nazi, il semblait qu'aucune relation n'était possible. C'était compter sans la puissance de l'amour et les paradoxes des sentiments. La correspondance de Martin et Hannah, publiée seulement en 1998, révèle qu'ils n'ont cessé de penser l'un à l'autre.

Hannah et Martin

Quand ils se rencontrent, en 1925, elle a dix-neuf ans et lui trente-six. Le bruit court que Heidegger redonne vie à la pensée. Elle se précipite pour l'entendre, s'inscrit à son séminaire, prend place dans le cercle des élèves, s'enthousiasme. Lui aussi. Il garde vive, vingt-cinq ans plus tard, la lumière de ses yeux. Ce « regard [...] qui étincelait en croisant le mien lorsque j'étais en chaire » va demeurer sous les tourmentes, les silences, l'éloignement. Coup de foudre, évidemment. Et que rien n'effacera jamais. Durant toute leur existence, ils connaissent, chacun selon son style, les répercussions de ces quelques mois de passion. En un sens, ils n'en sont jamais sortis. En bonne logique, ils auraient dû ne jamais se reparler après 1933, encore moins après 1945. Mais c'est d'amour qu'il s'agit. Et donc, d'abord et avant tout, d'éternelles fleurs bleues – sublime guimauve, violons inévitables.

Heidegger amoureux n'y échappe pas. Et c'est touchant. Le penseur en train de rédiger *Être et Temps*, – qui paraît en 1927 et lui vaut sa renommée –, se révèle, au fil des lettres, simplement humain. C'est-à-dire lyrique, timide, ébloui, exigeant. Certes, quelques travers et pesanteurs de son style demeurent : « Quant à la voie que va prendre votre vie encore si juvénile, cela demeure encore en réserve », écrit-il par exemple dans sa première lettre à celle qui sera bientôt sa « taquine nymphe des bois ». Ce Heidegger inattendu est presque ironique : « J'imagine sans peine ce que peut avoir de fort déplaisant l'espèce répertoriée comme "élèves de Heidegger". Ce qui se répand, de manière inquiétante, c'est une manière tout à fait crispée de penser, de questionner, de disputer. »

Le plus étonnant est toutefois cette fidélité intemporelle, presque inconditionnelle, qui subsiste entre eux malgré les déchirements du monde et le chaos de l'histoire. En 1950, ils ne se sont pas écrit depuis 1932. Hannah prend l'initiative. Revenant en Allemagne, elle souhaite rencontrer Martin. Lui, de son côté, explique son amour à Elfriede, sa femme, à qui il l'avait toujours caché. Au cœur, décidément, le temps ne compte. Hannah : « Lorsque l'employé de l'hôtel a prononcé ton nom, c'est comme si le temps s'était soudain figé. » Martin : « Nous avons, Hannah, un quart de siècle de notre vie à rattraper. » Dans son bureau, il l'a regardée, a dit : « Toi ! Ah ! Toi ! », a rédigé pour elle plusieurs poèmes les semaines suivantes, lui a écrit de nouveau des phrases comme : « Je me prends souvent à rêver que je passe le peigne à cinq dents dans tes cheveux à démêler. »

Autour de la hutte, sa maison dans la montagne de la Forêt-Noire, Heidegger cueille pour elle un chardon argenté qu'il envoie aux États-Unis : « Si tu as la place, tu n'as qu'à l'attacher au plafond par un fil de soie au-dessus de ton divan. De là, il fera miroiter le soleil. Le moindre souffle d'air le fait osciller et pivoter. Si le temps se gâte, il lui arrive de se fermer. » Elle paraît par moments plus distante, mais ce n'est pas sûr. Dans son journal, en 1953, elle note « l'histoire très véridique du renard Heidegger », où l'on apprend que cet animal prétendument rusé ignore – de manière complète, inimaginable – en quoi consistent les pièges, au point d'établir son terrier dans un piège et d'y convier les autres. La nymphe, depuis longtemps mariée, demeure taquine. Pas sévère.

Il y eut encore, par la suite, des plages de silence, notamment de 1954 à 1959. Ce furent enfin dix années en pente douce, ponctuées d'échanges affectueux : en 1966, Martin souhaite à Hannah son soixantième anniversaire, elle commémore, en 1969, les quatre-vingts ans du philosophe. Le 12 août 1975, ultime visite de la « nymphe » au terrier-piège du renard (« Tu resteras bien, comme d'habitude, pour le souper »). Le 4 décembre 1975, Hannah Arendt meurt. Seulement quelques mois après, le 26 mai 1976, Martin Heidegger meurt à son tour.

De Hannah Arendt, que lire en premier ?

Le Système totalitaire (3 volumes, Seuil, « Points », 2005).

Et ensuite ?

Eichmann à Jérusalem (Gallimard, « Folio », 1997).
Qu'est-ce que la politique ? (Seuil, « Points », 2001).

Sur Hannah Arendt, que lire pour aller plus loin ?

Hannah Arendt. Biographie, d'Elisabeth Young-Bruehl (Calmann-Lévy, 1999).

Hannah Arendt, de Sylvie Courtine-Denamy (Hachette, « Pluriel », 1998).

Le Génie féminin t. I, Hannah Arendt, de Julia Kristeva (Gallimard, « Folio », 2003).

Avec Hannah Arendt, les tourmentes du siècle et les ruines du politique envahissent la réflexion philosophique.

Avec Willard Van Orman Quine, au contraire, les bruits du monde ne semblent pas atteindre le travail de clarification des notions. Mais cette froideur apparente n'empêche pas des résultats déconcertants.

• NOM : *WILLARD VAN ORMAN QUINE*

• LIEUX ET MILIEUX

L'université américaine au XXe siècle, et avant tout Harvard, entre théories scientifiques et analyses philosophiques.

• 7 DATES

1908 Naissance à Akron (Ohio).

1931-32 Après une thèse de mathématiques à Harvard sous la direction de Whitehead, voyage à Vienne où il rencontre notamment Carnap.

1936-1978 Enseigne à Harvard.

1951 Publie *Deux Dogmes de l'empirisme.*

1960 Publie *Le Mot et la Chose.*

1969 Publie *Relativité de l'ontologie.*

2000 Mort à Boston.

• SA CONCEPTION DE LA VÉRITÉ

La vérité, pour Quine :

n'appartient qu'au domaine de la connaissance scientifique.

est relative aux systèmes linguistiques où elle est formulée.

est indépendante de la question de la signification.

• UNE PHRASE-CLÉ

« La philosophie de la science est assez. »

• SA PLACE DANS LA PENSÉE CONTEMPORAINE

Bien que consacrée à des questions très spécialisées, l'œuvre de Quine commence à être reconnue, au-delà des cercles d'experts, comme l'une des plus décisives du XXe siècle.

Chapitre 9

OÙ UN CERTAIN WILLARD VAN ORMAN QUINE INVENTE UN LAPIN DÉCONCERTANT

Il est probable que la plupart des lecteurs découvre le nom de Willard Van Orman Quine pour la première fois. Tout le monde a entendu parler de Bergson ou de Sartre, de Camus ou de Gandhi. Faute de connaître le détail de leurs œuvres, ou même les grandes lignes de leurs doctrines, on sait au moins leur nom. Avec Quine, ce n'est pas le cas. Bien des lecteurs cultivés risquent fort de n'avoir jamais entendu parler de lui et moins encore de ses travaux.

Il se trouve pourtant que beaucoup d'experts considèrent Quine comme le philosophe américain le plus important du siècle. En raison de son apport personnel à la pensée, cela va de soi. Mais également, doit-on ajouter, en fonction de la place charnière qu'il occupe dans les transmissions d'idées du XXe siècle. Il se situe en effet à l'articulation de deux mondes : celui des mathématiciens et logiciens du début du siècle – Gottlob Frege, Bertrand Russell, Rudolf Carnap – et celui des philosophes américains plus récents, dont plusieurs prolongent son œuvre, comme par exemple Donald Davidson.

Ce professeur de philosophie, qui a enseigné presque toute sa vie à Harvard, a fait un diplôme de mathématiques sous la direction de Whitehead, coauteur avec Russell des *Principia Mathematica.* À sa maturité, il devient le patron de thèse de plusieurs grands philosophes américains d'aujourd'hui. Quine est aussi une articulation essentielle entre le Cercle de Vienne et la philosophie américaine. Le Cercle de Vienne est un groupe de penseurs – constitué notamment de Rudolf Carnap, Otto Neurath et Moritz Schlick – qui se réunit, à partir de 1924, chaque jeudi soir à l'Institut de mathématiques de l'université de Vienne. Ses membres proclament haut et fort l'inanité et l'inutilité de toute métaphysique et veulent promouvoir une conception scientifique du monde. Lecteurs passionnés du *Tractatus logico-philosophicus* de Wittgenstein, récemment paru (1921), ces penseurs sont à l'origine de ce qu'on appellera, plus tard, la philosophie analytique.

Accompagner la science

Quine travaille avec eux à Vienne. Il est influencé en particulier par Neurath et par Carnap et prolonge leurs analyses après son retour aux États-Unis. De leur point de vue, la philosophie doit se contenter d'accompagner la science, et renoncer à la prétention de posséder un domaine propre ou de fonder la science. Neurath compare la science à un bateau toujours en pleine mer : on peut le réparer en naviguant, mais il faut renoncer à le reconstruire sur la terre ferme.

Cette fonction d'accompagnement de la connaissance scientifique, Quine va la développer – en relation également avec l'empirisme de William James et de John Dewey. Mêlant les exemples insolites aux démonstrations les plus ardues, conjuguant technicité et causticité, passant d'articles pour experts à un dictionnaire philosophique au ton voltairien (*Quiddités*, 1989), ce penseur vaut d'être découvert. Car son travail se veut à la fois modeste par ses méthodes et ambitieux par ses conséquences.

Lui-même décrit ainsi ses objectifs : « La tâche est de rendre explicite ce qui a été laissé tacite et de rendre précis ce qui a été laissé vague ; la tâche est d'exposer et de résoudre les paradoxes, de raboter les aspérités, de faire disparaître les vestiges des périodes transitoires de croissance, de nettoyer les bidonvilles ontologiques. » Il juge que la philosophie fait partie intégrante de la démarche scientifique – elle n'a pas de place à part, pas de domaine réservé ou d'objets particuliers.

Quine appartient donc pleinement à l'ensemble de ceux qui veulent voir fusionner philosophie et science, et pour qui la philosophie n'est qu'un outil de clarification des connaissances exactes. Son travail consiste essentiellement à défaire des confusions, nettoyer des idées floues, se débarrasser des faux concepts. En un sens, voilà qui est modeste : la résolution des « grandes questions » – métaphysiques, éthiques, politiques – n'est plus de mise. Pareil résultat n'appartient pas à l'ambition du philosophe tel que Quine l'envisage.

Pourtant l'objectif est fort ambitieux, puisqu'il s'agit d'opérer de profonds nettoyages, de gigantesques déblaiements – au point de parvenir à supprimer ces « bidonvilles ontologiques » qui se sont accumulés au cours de l'histoire de la pensée… autant dire une immense partie de la philosophie ! Pour y parvenir, la méthode de Quine utilise des analyses très arides et techniques mais toutes débouchent sur une déflation considérable des questions métaphysiques, et finalement sur un scepticisme qui rappelle celui de David Hume.

Quine publie son œuvre principale, *Le Mot et la Chose* (*Word and Object*), en 1953. Certains ont pu dire que l'ensemble de la philosophie analytique contemporaine se résume, depuis lors, au débat entre ceux qui sont « pour » et ceux qui sont « contre » Quine. La formule est excessive, mais de multiples discussions se sont cristallisées autour des deux principales découvertes de Quine, qui concernent la signification et la vérité.

Gavagai !

La mise en cause de l'idée de signification passe, chez Quine, par une analyse longue et complexe de l'idée même de traduction. Bien qu'il soit exclu d'entrer dans ces dédales, l'histoire de départ est simple à expliquer. Quine imagine un explorateur qui doit apprendre une langue indigène. Il ne connaît rien à cet idiome, et aucun dictionnaire ni aucune grammaire ne sont disponibles pour venir à son secours. Il va devoir apprendre par lui-même, sur le terrain, le sens des mots.

Cet explorateur se trouve donc dans la même situation qu'un enfant apprenant à parler avec ce qu'il entend autour de lui. Nous nous représentons généralement cet apprentissage de la façon suivante : des noyaux de sens existent, qu'il suffit de mettre en relation avec le mot correspondant. Ainsi, quand on voit un lapin, si on entend en même temps les sons du mot français « lapin », on apprendra comment s'appelle, en français, l'animal qu'on a sous les yeux. Voilà une erreur…

Quine dénonce dans cette apprentissage (« une chose, un mot ») une illusion qui évoque la théorie du musée : les significations seraient comme des œuvres, des statuettes, des bijoux sous vitrine dans un musée, les mots comme des étiquettes sous ces vitrines. Sous la statuette du lapin, on mettrait en français l'étiquette « lapin », en anglais « rabbit », et ainsi de suite.

Imaginons, continue Quine, que notre explorateur suive les indigènes, partis à la chasse dans la forêt. Il les entend crier « Gavagai ! » chaque fois que passe un lapin. Peut-il simplement en déduire que, dans leur langue, « gavagai » signifie lapin ? Ce n'est absolument pas certain ! En effet, rien n'empêche d'imaginer, dans un premier temps, que « gavagai » puisse signifie, par exemple : « attention ! », ou « regarde là ! » ou « ne le laisse pas partir ! », etc. Évidemment, ces hypothèses peuvent faire l'objet d'un tri. Il suffit qu'elles soient soumises aux indigènes, pour qu'ils les valident ou les écartent.

Nous ne sommes pourtant pas encore au bout de nos peines. Car Quine imagine des significations possibles de « gavagai » qui seraient toutes validables par les indigènes bien qu'elles ne soient pas compatibles les unes avec les autres. Par exemple : « gavagai » pourrait signifier « partie non détachée d'un lapin » ou bien « incarnation de la lapinitude » ou encore « ici se trouve un point situé à gauche du point où, à droite, se trouve un lapin ». Chacune de ces expressions peut être validée comme correspondant bien à « gavagai ». Elles ont pourtant des significations différentes.

Quelle est donc la morale de cette histoire ? Elle indique que « comprendre une phrase c'est comprendre un langage » – c'est-à-dire qu'il n'y a pas de traduction, ni même de traductibilité, d'un terme par un seul autre terme de la langue dans laquelle on veut traduire. Les langues sont *traduisibles* les unes dans les autres, mais *plusieurs* traductions sont toujours possibles. Du coup, il est vain d'imaginer l'existence d'une signification ultime et unique dont on serait absolument certain.

Les langues sont comme de grands ensembles qui peuvent être mis en correspondance, glisser les uns sur les autres, renvoyer l'un à l'autre. Mais elles ne sont pas liées, terme à terme, de façon permanente et fixe – faute de l'existence d'une signification unique. Tel est le premier grand nettoyage opéré par Quine. En le suivant jusqu'au bout, l'idée même d'un sens est remise en cause. Ce qui est troublant, car nous sommes intuitivement convaincus qu'il existe effectivement « quelque chose » que l'on peut atteindre par la pensée, exprimer dans une langue, puis dans une autre.

Plus de théories que de faits

L'autre « nettoyage » suit une démarche analogue, avec des conséquences plus étonnantes sur l'ensemble de nos connaissances, la portée des sciences, et notre relation fondamentale à la vérité. Il établit en effet l'existence d'« une sous-détermination des théories par l'expérience ». Que désigne cette formule, obscure au premier regard ?

Quand une théorie scientifique est établie, elle couvre un certain domaine de l'expérience. Elle correspond donc à un certain nombre de faits observés, étudiés, classés. Nous avons la conviction que, si on modifiait les faits, on modifierait la théorie. Nous imaginons une correspondance fixe entre les bonnes observations et la construction de la bonne théorie, comme entre la signification et les mots qui la désignent.

Quine établit au contraire comment, sur une collection de faits donnés – expériences bien observées et bien attestées –, il est toujours possible de construire *plusieurs* théories. Si on multiplie les observations, si on ajoute des faits et des expériences, on aura encore les moyens d'expliquer ces faits nouveaux dans les diverses théories.

Autrement dit, il n'y a jamais *assez* de faits concluants pour que des théories adverses soient définitivement départagées. L'arbitrage entre elles ne se fait jamais une fois pour toute. La conséquence n'est pas mince : si Quine a raison, nous ne pouvons plus savoir, du seul point de vue scientifique, quelle théorie est la bonne, ni où se trouve la vérité « définitive ». Pire : l'idée même d'une vérité ultime semble devoir être abandonnée.

La démarche rigoureuse de Quine débouche ainsi sur des résultats déconcertants, proches par moment du scepticisme le plus classique. Il défait en effet des évidences comme celle de la signification et l'on pourrait presque conclure de son travail que la vérité nous devient inaccessible. Mises à part des vérités partielles, régionales ou contextuelles, la vérité, elle aussi, a de fortes chances de n'être qu'une illusion. Encore faut-il garder à l'esprit qu'il s'agit seulement de la mise en cause d'un ultime horizon de vérité – et nullement des procédures par lesquelles, sur une question donnée, on peut avoir raison ou tort.

Davidson à sa suite

« Avoir tort, cela existe en philosophie », écrit Donald Davidson (1917-2003), avant d'ajouter qu'il est « important de savoir si l'on a raison ou tort ». On ne s'étonnera donc pas de voir ce philosophe, dont l'œuvre originale s'inscrit dans le sillage de Quine, corriger ses propres affirmations à la suite de critiques formulées par d'autres, voire par lui-même. Si une argumentation le convainc d'avoir laissé dans un raisonnement une lacune ou un point faible, il n'hésite pas à le modifier.

Sans doute n'est-ce pas une nouveauté dans l'histoire : Socrate, déjà, remerciait celui qui était capable de le délivrer d'une erreur. Mais pareille vertu était tombée en désuétude. Heureusement, au long du XXe siècle, les préoccupations logiciennes de la philosophie analytique ont redonné vie au style argumentatif, à la pratique pointilleuse de la démonstration et de la rectification. « Je sais à présent que cette hypothèse était un peu hâtive », souligne sobrement Davidson pour rectifier une de ses analyses.

Pour lui comme pour Quine, la tâche de la pensée est d'abord de mettre au clair, aussi nettement que possible, de quoi on parle. Car la plupart des faux problèmes et des malentendus proviennent d'illusions engendrées par nos usages linguistiques. Dès lors, ce qui importe, ce sont les arguments, et eux seuls. Qu'il s'agisse d'établir la vérité de leurs thèses, ou de réfuter les raisonnements fallacieux de leurs adversaires, ces auteurs, conformément aux règles de la tradition analytique, recourent à une rigueur comparable à celle des mathématiciens.

Pourtant, ce n'est pas par les mathématiques que Davidson est venu à la philosophie. Il a commencé par soutenir sa thèse, dans les années 1940, sur le *Philèbe* de Platon. Il s'est ensuite tourné vers la psychologie expérimentale, en particulier vers l'étude de la prise de décision. L'orientation définitive de son travail philosophique, à partir des années 1960, résulte de sa rencontre avec Quine, dont il prolonge et modifie les orientations.

La singularité de Davidson, dans le domaine de la philosophie du langage, est d'avoir fondé une théorie de la signification sur une théorie de la vérité. C'est à partir de cette seule notion qu'il s'est efforcé d'élucider la notion de sens et les processus d'interprétation des énoncés. Là aussi, les analyses sont ardues, mais leur objectif s'énonce avec netteté : « Nous voulons une théorie qui soit simple et claire, qui soit dotée d'un dispositif logique qu'on puisse comprendre et justifier, et qui rende compte des faits de fonctionnement de notre langage [...]. Ces questions seront bien, je n'en doute pas, les vieilles questions de la métaphysique, revêtues de neuf. »

C'est pourquoi, quelles que soient les notions qu'il aborde – intention, volonté, libre arbitre, événement, référence, métaphore... –, Davidson poursuit une défense et illustration de la rationalité qui frappe par sa distance envers les courants dominants de l'époque. Il restaure l'idée de cause où on ne l'attendait plus, rend à la vérité sa place fondatrice, refuse de séparer l'esprit de la matière, mais également de l'y réduire. Il explore le langage sans oublier ce qui l'excède. Avec une stature de classique.

De Quine, que lire en premier ?

Quiddités (Seuil, 1999).

Et ensuite ?

La Poursuite de la vérité (Seuil, 1999).
Le Mot et la Chose (Flammarion, « Champs », 2010).

Sur Quine, que lire pour aller plus loin ?

Le Vocabulaire de Quine, de Jean-Gérard Rossi (Ellipses, 2001).

Quine en perspective, de Paul Gochet (Flammarion, 1992).

Lecture de Quine, de François Rivenc (Collège Publications, 2008).

Quatrième partie

La liberté et l'absurde

Année après année, le XXe siècle découvre la désintégration du sens. Elle n'a rien à voir avec les impasses de la logique ni les perplexités des scientifiques. Guerres industrialisées, cadavres par millions, dictatures tueuses et destructions de masse imposent ce constat : le monde est insensé, la civilisation ne débouche sur rien, les espérances les plus généreuses engendrent les pires cataclysmes.

Les éléments du puzzle infernal sont connus : effondrement suicidaire de l'Europe dans les tueries de la Grande Guerre, mécanisation générale de la société, montée des aspirations radicales et des projets de révolution, avènement des communications de masse, déshumanisation régulière des relations individuelles aussi bien que collectives.

En peu de temps, après des siècles, voire des millénaires, un ordre humain s'écroule – celui où l'on pouvait imaginer que le savoir adoucissait les mœurs et que les divers progrès marchaient du même pas. Plus savante, l'humanité allait devenir plus sage. Plus puissante, elle allait être plus heureuse, plus juste, plus libre. On l'avait cru, intensément.

Tout se trouve soudain anéanti dans le sang et la boue, la barbarie et le chaos. Même sans comprendre ni l'étendue ni l'intensité de la crise, les contemporains ont le sentiment que tout est devenu vain. Le ciel est vide, l'homme malfaisant et le réel effroyable.

Curieusement, l'ensemble des philosophes se préoccupe peu de cette dévastation. Au contraire, ils semblent s'efforcer, bien souvent, de faire comme si le monde n'existait pas. La planète est à feu et à sang, mais les commentaires d'Aristote suivent leur cours. On déporte, assassine et torture – au nom du bien, de l'homme nouveau, de la race ou des lendemains qui chantent –, mais les philosophes se demandent comment les mathématiques correspondent si exactement au réel…

À l'évidence, cette cloche de verre ne protège pas tous les maîtres à penser. Plusieurs prennent en compte les tourmentes du siècle. Comme ils peuvent, ils s'efforcent d'en comprendre les contrecoups. La réflexion sur la liberté revient ainsi au premier plan, au moment même où celle-ci semble anéantie. Dans un monde fracturé, muet ou dissonant, l'individu – dans sa fragilité et sa souveraineté, l'une comme l'autre dérisoires mais impossibles à supprimer – semble de nouveau le centre d'où il faut repartir.

Ce n'est pas un hasard si les trois penseurs qu'on va croiser ont en commun, malgré de profondes dissemblances, de centrer leurs réflexions sur le sens et le non-sens, la contingence et la liberté, l'action et l'absurde. Des combats communs les rapprochent, d'autres les font diverger. Ils se connaissent, s'allient et se brouillent, sur fond d'un même désarroi, mais en raison de leurs trajectoires propres.

Jean-Paul Sartre tente par tous les moyens de sauver une pensée de la liberté intégrale. À ses yeux, seule la décision souveraine de l'individu est source du sens et des valeurs. Dans un monde en tumulte, ce défi est difficile à relever – d'autant plus qu'il s'agit pour Sartre de penser à la fois la liberté, la morale et la construction de l'histoire par l'action collective tout en s'engageant aux côtés des communistes après guerre, puis aux côtés des maoïstes de Mai 68.

Maurice Merleau-Ponty, condisciple de Sartre à l'École normale de la rue d'Ulm et plus tard fondateur avec lui de la revue *Les Temps modernes*, est aussi le premier à dénoncer l'existence du Goulag, à refuser de cautionner le totalitarisme au nom de la liberté. Sa divergence avec Sartre naît de ces questions politiques, mais elle est plus profonde. Car c'est à la jointure de la conscience et du corps, de la chair et du monde, du visible et de l'invisible que Merleau-Ponty développe une philosophie volontairement placée sous le signe de l'ambiguïté, loin de la transparence postulée par Sartre.

Albert Camus, pour sa part, refuse explicitement de se proclamer philosophe. Romancier et journaliste, il aborde pourtant dans ses essais, en particulier *L'Homme révolté* (1951) des interrogations fondamentales pour penser le XXᵉ siècle, et aussi le nôtre. Car pour Camus l'essentiel réside dans la reconstruction d'un sens et dans l'effort pour persister à vivre – à espérer, à agir – au sein d'un monde qui s'est révélé absurde. Voilà qui fait encore partie de notre présent.

• NOM : *JEAN-PAUL SARTRE*

• LIEUX ET MILIEUX

De l'École normale supérieure de la rue d'Ulm au café des Deux Magots, l'univers de Sartre se développe sur un périmètre étroit, entre Quartier Latin et Saint-Germain-des-Prés, mais il y fait souffler un vent de liberté qui parle au monde entier.

• 10 DATES

1905 Naissance à Paris.
1924-1927 Élève de l'École normale supérieure.
1933-34 Boursier à l'Institut Français de Berlin.
1938 Publie *La Nausée*, roman philosophique.
1943 Publie *L'Être et le Néant*.
1945 Crée la revue *Les Temps modernes* avec Simone de Beauvoir et Maurice Merleau-Ponty.
1960 Publie *Critique de la raison dialectique*.
1971-72 Publie *L'Idiot de la famille* (sur Flaubert).
1975 Entretiens avec Benny Lévy.
1980 Mort à Paris.

• SA CONCEPTION DE LA VÉRITÉ

La vérité, pour Sartre :
est une création de la subjectivité,
ne dépend, en fin de compte, que de la liberté de chacun,
se transforme dans l'action collective, politique et sociale.

• UNE PHRASE-CLÉ

« Nous décidons seuls et sans excuses. »

• SA PLACE DANS LA PENSÉE CONTEMPORAINE

Considérable dans les années 1950, l'influence de Sartre a été en partie estompée par le structuralisme, avant de susciter une nouvelle forme d'intérêt depuis la fin du XXe siècle.

Chapitre 10

Où Jean-Paul Sartre veut décider de tout sans pouvoir y parvenir

Sartre, maître à penser ? Voilà qui paraît s'imposer. Il incarne, sans doute plus que tout autre, le philosophe que l'on écoute et imite. Son influence, sa notoriété, en Europe et dans le monde entier, ont un temps dépassé tout ce qui s'était vu auparavant. Parce qu'il incarne la liberté pure, le sens de la révolte, le choix de l'engagement. Mais aussi parce qu'il conjugue gros volumes d'analyses philosophiques, romans, articles de journaux, pièces de théâtre, prises de position publiques. Son audience d'écrivain le transforme en icône. De ce point de vue, Sartre semble bien constituer le modèle du « maître à penser » contemporain.

Pourtant, rien n'est plus paradoxal que de lui faire jouer ce rôle. Car ce maître ne donne ni consigne ni conseil. Il ne peut ni ne veut dire « quoi penser » ou « comment agir ». Non par quelque impuissance ni quelque refus de principe. En raison même de sa posture philosophique la plus profonde : renvoyer chacun à sa propre liberté. Plus que tout, Sartre souhaite rendre chaque conscience à sa responsabilité fondatrice. À quiconque vient lui demander « quoi faire ? » ou « de quelle façon penser ? », ce maître paradoxal dit en substance : « C'est toi qui décides, et toi seul qui dois répondre. »

En fin de compte, sa philosophie remplace la question de la vérité par celle de l'authenticité. Car, d'une manière ou d'une autre, une vérité est toujours contraignante. Logique ou factuelle, métaphysique ou morale, scientifique ou politique, ce qu'on nomme « vérité » existe hors de moi. Elle s'impose comme une réalité que je n'ai pas forgée. Face à elle, je dois me soumettre ou me démettre.

Pour Sartre, malgré tout, j'ai toujours le choix. C'est ma décision libre, et elle seule, qui acquiesce ou refuse, accepte ou combat. Le sens que je donne aux réalités que je rencontre ne dépend, ultimement, que de moi. Le hasard peut faire, par exemple, que je sois malade ou qu'une guerre éclate. Je ne contrôle pas le cours du monde. Mais je décide, « seul et sans excuses », du sens que je donne au monde, à ma vie, à chacun de ses épisodes et de ses gestes. De moi seul dépend la manière dont je vais traverser cette maladie ou cette guerre.

La liberté du sujet demeure souveraine. Le philosophe ne méconnaît pas les difficultés ni les limites d'une telle radicalité – d'une certaine manière, toute son œuvre ne cesse de les examiner. Mais le projet fondateur, l'impulsion initiale de sa pensée, consiste à rétablir la souveraineté du choix libre de tout homme dans sa dimension la plus absolue. En un siècle où tout s'agence pour nier une telle puissance de choix et pour anéantir l'idée même d'un pouvoir de décision, pareille philosophie de la liberté ne manque pas d'allure.

Mais elle n'est pas dépourvue de difficultés. Car, à l'évidence, aucun sujet humain ne vit seul. Aucun n'est souverain. Si une morale peut exister, c'est que des valeurs persistent indépendamment des décisions de chacun. Si une politique existe, c'est en raison de la dimension collective des choix individuels. Le philosophe ne l'ignore certes pas. Mais, pour avancer dans ces domaines, il lui faut du temps et des tâtonnements. Partant de la conscience et de la liberté, il n'aborde la morale, la politique et l'histoire que dans un second temps.

Conscience et néant

La pensée de Sartre appartient aux philosophies de la conscience. Dans le sillage de Descartes, elle donne priorité au sujet pensant. Après quelques années d'enseignement, Sartre est allé travailler à Berlin, où il a lu et découvert la phénoménologie de Husserl. La notion d'intentionnalité est celle qui l'intéresse le plus. En s'en inspirant, il élabore une philosophie de la conscience distincte de la phénoménologie de Husserl, dans la mesure où il insiste sur une sorte d'ouverture complète de la conscience.

La conscience n'est pas un milieu clos, un réceptacle, une boîte à l'intérieur de laquelle on regarderait le monde. Sartre retient de Husserl que « toute conscience est conscience de ». Percevoir, insiste-t-il, c'est « s'éclater vers » (cet arbre ou ce verre d'eau). La conscience est comme un tourbillon, un grand vent. C'est toujours une ouverture – aux choses, au monde, aux événements, aux rencontres. Dès ses premiers textes, Sartre souligne cette ouverture mais il veut aller, en ce sens, plus loin que Husserl.

À ses yeux, la conscience n'a pas à se fermer sur un « je ». Sartre reproche à Husserl de n'avoir pas mis « entre parenthèses » le « je » lui-même. Il développe cette analyse dans son premier livre publié, *La Transcendance de l'ego*, et poursuit le même mouvement avec ses ouvrages sur l'image, l'imagination et l'imaginaire. Car la particularité de l'image, pour Sartre, est qu'elle est dépendante de la conscience elle-même. Quand j'imagine, je ne reçois pas une perception d'objet, je forge au contraire cette image dans et par ma conscience. Dans cette perspective, l'image constitue le signe d'un néant de l'objet. Il faut que l'objet réel soit « anéanti » pour qu'une image soit formée par ma conscience.

Cette dimension du néant est un trait essentiel de la pensée philosophique de Sartre. La conscience, à ses yeux, entretient une relation profonde avec les questions du néant, de l'absence et du manque. La conscience, dit-il, « est ce qu'elle n'est pas et n'est pas ce qu'elle est ». Car les êtres humains ont un rapport particulier au manque et à l'absence. J'entre dans un café et pose la question : « Paul est là ? » Cette demande suppose que je perçois ce lieu comme étant vide de cet ami que je cherche. Si, en regardant le café, je constate que Paul n'est pas là, c'est que je suis en mesure d'exprimer l'absence, de percevoir le fait que celui que je cherche n'est pas présent.

Ce qui intéresse Sartre, ici, est ce qu'il appelle le pouvoir de néantisation de la conscience : percevoir les absences, repérer le manque, parler de ce qui n'est pas, évoquer le passé qui n'est plus ou anticiper sur l'avenir qui n'est pas encore. Ce qui caractérise la conscience est un creux, un vide. Les choses se tiennent dans leur plénitude, leur totale densité. Elles sont « en soi » comme dit le philosophe dans *L'Être et le Néant*. La conscience en revanche est un « pour soi », elle s'éprouve elle-même, mais sur le mode d'une perpétuelle absence de nature, de qualité, de positivité.

Les choses ont des qualités fixes, des propriétés naturelles. Le propre de l'humain est de n'avoir pas de nature, d'être perpétuellement à inventer. Ce néant doit toujours être temporairement transformé par un sens, une décision, un acte. Voilà somme toute en quoi consiste, chez Sartre, la liberté.

Liberté : le fait même que nous devons perpétuellement nous inventer, donner sens aux situations que nous vivons, échafauder la direction de nos actes. Nous n'avons jamais de vérité préalable dont nous pourrions nous réclamer : rien ne s'impose à ma liberté. Une loi n'est contraignante que si je choisis de m'y soumettre. Si j'obéis à une loi divine, une parole révélée, c'est encore parce que je décide de les considérer comme divine et révélée. C'est toujours ma liberté, et elle seule, qui se trouve à la source des significations et des interprétations.

Cette liberté intégrale engage aussi une responsabilité totale : je ne peux me cacher derrière rien, je ne peux esquiver ma responsabilité – elle est entière – dans le sens que je donne au monde, à mon existence et à mes gestes. Cette responsabilité intégrale a quelque chose d'écrasant, d'insupportable. Elle semble si disproportionnée par rapport à nos forces que nous faisons tout pour la nier et prendre la fuite.

Dans *L'Être et le Néant*, comme dans une partie de son théâtre, Sartre insiste sur l'idée que nous faisons tout pour esquiver notre liberté. Nous nous transformons en chose : nous disons « ce n'est pas de ma faute », « voilà comme je suis » et non pas « voilà comme j'ai décidé d'être ». Cette « mauvaise foi » est une des principales tactiques que chacun adopte pour cesser d'assumer sa liberté. Nous jouons des rôles, afin de nous prendre pour quelqu'un d'autre, de nous raconter des histoires sur notre nature, notre destin, sur le fait « que nous ne pouvons pas faire autrement ». Quand on dit « c'est plus fort que moi » ou « je suis comme ça, je n'y peux rien », nous sommes, aux yeux de Sartre, dans l'attitude du « salaud », celui qui nie sa responsabilité, se considère englué dans une nature ou un destin, sans pouvoir y échapper.

La principale difficulté ne réside pas dans la mauvaise foi – la conscience qui nie sa liberté – mais dans le regard des autres. Ils interprètent d'une manière parfois totalement erronée mes actes et mes décisions. Le drame de l'existence humaine est que le regard des autres nous révèle à nous-même et nous déforme. Il trahit, transforme, déporte notre liberté.

Ce drame est évidemment inéluctable, puisque l'existence humaine est nécessairement collective : le vivre est toujours un vivre-ensemble. Dans cette coexistence des libertés, comment parvenir à penser une morale ? Comment comprendre l'histoire, les actions collectives, le cours des événements ? Ce sont les deux grandes interrogations qui traversent l'œuvre.

Quelle morale ?

Si le ciel est vide, si aucune règle révélée ne s'impose, comment échapper à l'arbitraire du crime ? Dostoïevski le souligne : « Si Dieu n'existait pas, tout serait permis. » Sartre cite plusieurs fois la formule, mais en modifie la perspective : Dieu, effectivement, n'existe pas, pourtant tout n'est pas permis. Un ciel muet n'implique pas que ma liberté débouche sur la barbarie. Pourquoi ? Et comment ? Au nom de quoi, et sous quelle forme, une morale demeure-t-elle possible ?

Ces questions ont hanté Sartre, dans tous les registres de son activité – philosophe, romancier, militant, dramaturge. Depuis *La Nausée* (1938) jusqu'à la *Critique de la raison dialectique* (1958-1960), de *Saint*

Genet (1952) à *L'Idiot de la famille, Flaubert de 1821 à 1857* (1971-1972), se retrouve, dans des contextes dissemblables, une même série de préoccupations : comment une liberté peut-elle agir sur le monde, s'inscrire dans l'histoire, s'unir à d'autres, se perdre dans les malentendus, se ressaisir et continuer à s'inventer toujours, tout en agissant ?

Sartre a tourné autour de cet enchaînement de problèmes, sans parvenir à trouver une issue vraiment satisfaisante. En 1943, *L'Être et le Néant* s'achève sur l'annonce d'un prochain ouvrage : une morale. Ce texte annoncé n'a jamais vu le jour. Sartre a rédigé six cents pages de brouillons, en 1947 et 1948, avant de les abandonner. Ces *Cahiers pour une morale*, édités en 1984 à titre posthume, indiquent l'ampleur de sa tentative autant que son échec.

Cette impasse s'explique par le nombre de difficultés et de contraintes rassemblées. Se défaisant de toute loi divine, Sartre se débarrasse également des morales philosophiques fondées sur un « ordre divin » du monde, de Platon aux stoïciens, ou de Descartes à Spinoza. Refusant toute idée de « nature humaine », il s'interdit aussi le recours aux morales sans Dieu qui, de Holbach à Rousseau ou à Stuart Mill, reposent sur une nature supposée. Enfin, voulant tenir compte de l'histoire concrète et changeante, refusant de réduire la liberté à une abstraction, déclarant « il n'y a de morale qu'en situation », il ne peut adhérer au formalisme de Kant et à l'idée que toute action doit se régler sur une maxime universelle.

La réflexion des *Cahiers pour une morale* est centrée sur les relations entre ma liberté et celle de l'autre, et sur leur inscription dans l'action historique. Sartre écarte le cas où ma liberté serait infinie et celle de l'autre nulle (la violence pure) et celui, symétrique et inverse, où ma liberté serait nulle et celle de l'autre (Dieu, souverain ou maître) infinie. Seul ce qu'il nomme « l'appel » indique une réalité à construire ensemble. Si je propose à l'autre d'entreprendre avec moi une action précise (empêcher qu'éclate cette guerre qui menace), je reconnais notre fragilité et notre finitude communes. Je prends aussi le risque de son refus. Quant à l'action, elle sera nôtre et non mienne, dans une réciprocité concrète.

La « conversion », à laquelle Sartre consacre la fin des *Cahiers*, est une notion essentielle. Elle consiste à vouloir le monde, et non plus les valeurs. Si je subordonne mon acte à un but extérieur (faire le bien, ne pas mentir, être courageux), je suis déjà aliéné : je me transforme en moyen pour réaliser cette valeur universelle. La liberté n'existe, au contraire, qu'en se faisant. Elle se découvre elle-même à travers ses œuvres, et elle assume le monde, même (et surtout) quand il lui échappe. Je faisais tout pour éviter la guerre, mais « si elle éclate je dois la vivre comme si c'était moi qui l'avais décidée ». Mieux encore : je vais considérer cette guerre (même si je continue à lutter contre, au risque de ma mort) comme « une chance de dévoilement du monde ». Telle est la « conversion » dont rêve Sartre à cette époque. Comme toute pensée d'envergure, elle est traversée par le souci de la joie.

Cette acceptation totale est toutefois aux antipodes de la résignation : c'est par moi que le monde vient à l'être. Ainsi, « dans l'humilité de la finitude », je retrouve « l'extase de la création divine ». C'est dans cette optique qu'il faut comprendre la formule, qui peut paraître inattendue sous la plume de Sartre : « L'absence de Dieu est plus divine que Dieu. » En me perdant sans réserve dans l'action et dans les autres, en aimant ce don, j'ai quelque chance d'en recevoir, plus encore que mon identité rétrospective, un point de vue singulier me découvrant l'absolu. Plus tard, Sartre jugera cette conception « mystifiée », et incapable de penser ensemble morale et histoire.

Toutefois, on peut trouver une continuité frappante entre cette morale, entrevue puis abandonnée, et l'intérêt final de Sartre pour le messianisme juif, dont témoignent ses entretiens avec Benny Lévy. Sa morale politique apparaît alors sous un jour différent. Il revient de manière critique sur les analyses développées dans la *Critique de la raison dialectique*. Avant d'évoquer cet ultime changement, il faut indiquer quelques éléments de cet ouvrage.

Quelle histoire ?

Dans ce livre de 1960, Sartre s'attache aux modalités de l'action collective et au statut des événements historiques. Les individus décident seuls, en raison de leur liberté, ils statuent souverainement sur l'action à mener. Mais la collision de leurs volontés multiples, les coalitions entre leurs projets dessinent quelque chose qui n'a été voulu par personne. Cette viscosité de l'histoire, Sartre s'efforce de la penser d'abord à la lumière du marxisme. Il ne faut pas oublier qu'à partir des années 1950, le philosophe devient « compagnon de route » du Parti communiste. Il considère que « le marxisme est l'horizon indépassable de notre temps ».

En même temps, Sartre critique l'idée que les lois de l'histoire s'imposent aux décisions des individus. Il refuse que la causalité économique vienne déterminer le comportement des hommes comme la causalité physique s'exerce sur des choses. Il écarte cette conception, mais doit évidemment comprendre comment le poids de l'histoire, la densité des événements peuvent faire que des actes librement décidés se retournent contre ceux qui les ont initiés.

Dans la *Critique de la raison dialectique*, la notion de « pratico-inerte » veut rendre compte de cette sédimentation des actions humaines. Par exemple, pour améliorer les cultures en les enrichissant de cendres de bois, des paysans d'Asie déboisent au-dessus de leurs champs. En déboisant, ils vont supprimer ce qui retenait l'eau des pluies dans les collines. Les inondations vont avoir l'effet inverse de ce qui était escompté. Il y a là une sorte de relation de va-et-vient entre les actes et leurs conséquences.

En réfléchissant sur la manière dont les actes individuels s'inscrivent dans des séries, Sartre tente d'élucider l'épaisseur de la réalité historique. Au moment des grands événements – révolutions, cassures de l'histoire –, surgissent des « groupes en fusion » – comme le peuple de Paris détruisant la Bastille le 14 juillet. Ces moments de soulèvement marquent l'émergence d'une liberté collective, qui retombe à son tour dans le pratico-inerte.

Toute sa vie, Sartre mène une réflexion multiforme sur l'individu comme sur le collectif, sur la conscience comme sur le politique, sur la littérature comme sur l'action militante. S'il lui est arrivé de se tromper, de prendre souvent des positions déraisonnables, par excès de gauchisme et d'esprit révolutionnaire, il n'en reste pas moins, avec ses coups de génie comme avec ses travers, une grande figure du XXe siècle. D'autant plus intéressante que son itinéraire, jusqu'à la fin, n'est jamais figé. Rien de dogmatique ni de crispé dans son mouvement de pensée. Jusqu'au dernier souffle il réinvente sa propre réflexion, ouvert à toute perspective. Il assume le risque de devoir annuler tel ou tel pan de son œuvre. Là encore, ça ne manque pas d'allure.

Les ultimes dialogues

Il faut imaginer le grand homme au soir de sa vie, fatigué, malade, usé par l'intensité de sa trajectoire plutôt que par le poids des ans. Sartre n'a que 70 ans quand commencent ses dialogues avec Benny Lévy. Il est devenu ce qu'il avait rêvé d'être dans sa jeunesse : « Victor Hugo » – un génie multiple, capable de tout, impossible à enfermer dans une case unique. Il a été sur tous les fronts, il a pratiqué tous les genres, connu tous les succès.

On pourrait attendre qu'il joue son propre rôle, entretienne son mythe, campe sur ses acquis. Ce n'est pas son style. Le vieux Sartre accepte de revenir sur ses œuvres, de réexaminer ses décisions théoriques fondamentales – comme s'il n'était fidèle à lui-même qu'en se remettant radicalement en cause.

Celui qui l'incite à ce voyage a juste trente ans. Sartre fut sa « première grande illumination philosophique ». Ils se sont rencontrés ensuite, en 1970, à *La Coupole*, à Montparnasse : Sartre accepte-t-il de devenir directeur du journal maoïste *La Cause du peuple* ? Les précédents directeurs sont déjà arrêtés – mais le pouvoir ne prendra pas le risque d'envoyer Sartre en prison… Entre le révolutionnaire et le philosophe, ce fut une sorte de coup de foudre. Il s'ensuit un étrange « dialogue d'amour » qui va durer presque sept ans. Au cours de ces années, le révolutionnaire, Pierre Victor, qui avait dirigé la *Gauche prolétarienne*, va reprendre son vrai nom et faire retour au judaïsme :

Benny Lévy devient bientôt une figure majeure du renouveau de la pensée juive contemporaine.

Avec le recul, il semble évident qu'un épisode important de la vie des idées s'est déroulé dans leurs échanges. L'essentiel demeure à découvrir, les enregistrements intégraux n'étant toujours pas disponibles. Mais dans ce qui a été publié, par bribes, on entrevoit un vaste chantier. Sartre revient notamment sur l'analyse de la constitution des groupes, question centrale de la *Critique de la raison dialectique*, décisive pour comprendre la relation entre individu et collectivité et l'événement révolutionnaire.

Sartre modifie certains de ses choix philosophiques principaux, en particulier sur la question d'autrui et la théorie du regard. Il réexamine la question de la contingence, cette absence de nécessité qui marque toute existence. Roquentin, le héros de son premier roman, *La Nausée*, affirme que « tout existant naît sans raison, se prolonge par faiblesse, et meurt par rencontre ». Selon les notes de Benny Lévy du 9 décembre 1978, Sartre juge qu'il n'a cessé d'esquiver ce problème inaugural : « La contingence, ni sous la forme littéraire, ni sous la forme philosophique, n'a gardé la place essentielle que je voulais lui donner. » Presque tout est à repenser !

Le dialogue prend appui également sur des lectures nouvelles, traitant de la Révolution française, du Premier Empire, ou des cathares, quand la réflexion commune croise la question de la gnose. Des essais qui viennent de paraître, comme *L'Ange* de Christian Jambet et Guy Lardreau (1976), ou le livre d'André Glucksmann, *La Cuisinière et le mangeur d'hommes* (1975), sont discutés. Chaque fois, ils font repartir la pensée de Sartre dans des directions nouvelles.

Sans doute est-il normal qu'un penseur de la liberté pense librement, au point de n'être pas contraint par lui-même, ses écrits ni son image. Pour être normal, ce n'en est pas moins rarissime. Sur ce point, il faut toujours saluer Sartre.

De Sartre, que lire en premier ?

Un texte relativement simple et fort connu est celui de la conférence donnée par Sartre en 1945, *L'existentialisme est un humanisme* (Gallimard, « Folio », 1996).

Et ensuite ?

Les Mots (Gallimard, « Folio », 1972), *Qu'est-ce que la littérature ?* (Gallimard, « Folio », 1964), puis le gros volume de *L'Être et le Néant* (Gallimard, « Tel », 1976).

Sur Sartre, que lire pour aller plus loin ?

Sartre (1905-1980), d'Annie Cohen-Solal (Gallimard, « Folio », 1999).

Le Siècle de Sartre. Enquête philosophique, de Bernard-Henri Lévy (Grasset, 2000).

☜ *Sartre privilégie la conscience, la liberté, l'action et la transparence.*

☞ *Merleau-Ponty s'efforce au contraire de penser les ambiguïtés des relations entre corps et esprit, liberté et histoire, visible et invisible.*

• NOM : *MAURICE MERLEAU-PONTY*

• LIEUX ET MILIEUX

Sur les mêmes territoires que Sartre, dont il fut le condisciple et l'ami, il suit ses propres chemins, à la fois plus universitaires et plus indépendants, en refusant notamment de cautionner le totalitarisme stalinien.

• 10 DATES

1908 Naissance à Rochefort-sur-Mer.

1926-1930 Élève de l'École normale supérieure.

1945 Soutient sa thèse sur deux ouvrages fondateurs, *La Structure du comportement* et *La Phénoménologie de la perception.*

1949 Enseigne à la Sorbonne.

1952 Élu professeur au Collège de France.

1953 Quitte la revue *Les Temps modernes*, fondée avec Sartre en 1945.

1955 Publie *Les Aventures de la dialectique.*

1960 Publie *L'Œil et l'esprit.*

1961 Mort à Paris.

1964 Publication posthume de *Le Visible et l'Invisible*, par Claude Lefort.

• SA CONCEPTION DE LA VÉRITÉ

La vérité, pour Merleau-Ponty :

se tient dans l'aller-retour entre les disciplines,

se situe au carrefour des idées et des sensations, du moi et du monde,

ne peut, politiquement, être sacrifiée aux stratégies.

• UNE PHRASE-CLÉ

« Tout ce que je sais du monde, même par science, je le sais à partir d'une vue mienne et d'une expérience du monde sans laquelle les symboles de la science ne voudraient rien dire. »

• SA PLACE DANS LA PENSÉE CONTEMPORAINE

Relativement discrète, en raison de sa mort précoce et de la difficulté de certains de ses ouvrages, l'influence de son pensée persiste et connaît un regain d'intérêt.

Chapitre 11

OÙ MERLEAU-PONTY DÉCOUVRE QUE LA VÉRITÉ N'EST PAS ENTIÈREMENT VISIBLE

Maurice Merleau-Ponty n'est certes pas un inconnu. Son nom figure parmi ceux des grands philosophes du XXe siècle. Plus de cent ans après sa naissance (en 1908, à Rochefort-sur-Mer), plus d'un demi-siècle après sa disparition (d'un arrêt cardiaque, à son bureau, à Paris, le 3 mai 1962), son œuvre est toujours lue, commentée, prolongée – dans le monde entier – par des admirateurs exigeants. Malgré tout, en comparaison de Sartre – dont il fut le condisciple rue d'Ulm, et longtemps l'ami, avant leur différend politique et leur rupture –, Merleau-Ponty peut paraître méconnu. À côté de Camus, son autre grand contemporain, engagé comme lui dans la critique du stalinisme, et comme lui disparu à l'âge de la maturité, il semblerait presque mal aimé.

Est-ce parce qu'il fut seulement philosophe, sans être aussi, comme Sartre et Camus, romancier et dramaturge ? Est-ce une forme de retenue qui l'a préservé des projecteurs ? La postérité, rebutée par quelques pages arides de *La Structure du comportement* (1942) ou de *La Phénoménologie de la perception* (1945), a-t-elle ignoré combien sont limpides et profondes l'écriture et la pensée de *Signes* (1960) ou de *Le Visible et l'Invisible* (posthume, 1964) ? Sans doute les aventures de la notoriété sont-elles opaques. En tout cas, Merleau-Ponty n'est pas un maître à penser comme les autres – icônes ou stars. Il est d'abord celui qui défriche les chemins de la réflexion.

Et, malgré la complexité de certaines analyses, ces chemins sont simples. Merleau-Ponty semble dépourvu de tourments effroyables ou de faille abyssale. Il l'affirme nettement dans des entretiens avec Georges Chabonnier, à la radio, en 1959 : « Certains deviennent philosophes parce qu'ils sont le siège de conflits, parce qu'il y a en eux des tendances contradictoires. Alors, ils ont besoin d'arbitrer ces tendances ou de choisir entre elles. Ce n'est pas du tout mon cas. J'ai conçu la philosophie non pas comme un drame (...) mais plutôt comme quelque chose d'assez apparenté, en somme, à l'art, c'est-à-dire comme une tentative d'expression rigoureuse de faire passer en mots ce qui d'ordinaire ne se met pas en mots, ce qui quelquefois est considéré comme de l'ordre de l'inexprimable. Voilà le genre d'intérêt que la philosophie suscite chez moi d'emblée. »

Ceci n'a pas empêché le philosophe de se battre contre un siècle de fer, où se conjuguent guerres, totalitarismes, effondrement de l'humain. Toutefois, là encore, son combat demeure soucieux de maintenir ouverte la relation à ses semblables : « Ce qui définit le philosophe, dit-il dans ces mêmes entretiens, c'est toujours l'idée que l'on peut comprendre l'autre, que l'on peut comprendre l'adversaire. La philosophie ne serait pas ce qu'elle est s'il n'y avait pas chez les philosophes cette intention, non pas seulement de se poser, mais de comprendre ce qui n'est pas eux et de comprendre au besoin ce qui les contredit. »

Éloge de l'ambiguïté

Après la rue d'Ulm, où est née son amitié avec Sartre et Beauvoir, sa carrière d'enseignant passe notamment par le lycée de Saint-Quentin, l'université de Lyon et la Sorbonne avant de s'achever au Collège de France. Il y est élu dès 1952. Sa Leçon inaugurale, le 15 janvier 1953, définit la philosophie par la conjugaison de deux traits majeurs : « goût de l'évidence » et « sens de l'ambiguïté ». C'est à lui-même, évidemment, que conviennent ces deux traits. Il ne cessera en effet d'ancrer sa réflexion dans le vécu le plus immédiat et apparemment le plus simple (conscience, perception, visibilité, parole). Attentif aux leçons des sciences – de la neurologie à la linguistique –, il refuse pourtant tout réductionnisme. Privilégiant la conscience, le sens, les signes, il se méfie toutefois de l'idéalisme et de la transparence. Ce qu'il nomme ambiguïté, c'est l'inverse de l'unilatéral : l'attention aux doubles faces, l'aller-retour constant entre corps et conscience, matière et esprit, visible et invisible.

Cette même attention aux doubles faces s'applique à la politique et à l'histoire. Dans les entretiens radiophoniques de 1959, Merleau-Ponty l'exprime avec une clarté parfaite : « Je suis en tant que philosophe contre les idées creuses, contre les objets purement idéaux. Et aussi contre une matière qui ne soit que chose. De même, en politique, je hais le libéralisme verbal sans relation avec la réalité humaine, concrète. Et je suis contre la terreur, qui transforme l'homme en chose. »

Merleau-Ponty réhabilite la notion d'ambiguïté. D'habitude, elle n'attire pas. On la soupçonne d'avoir un côté faux-jeton. Quelque chose de pas net, une indécision. Des bords flous, des arêtes estompées. En fait, une absence de forme délimitée. Une tendance à esquiver, en quelque sorte. Un pas de plus, voilà l'ambiguïté devenant torve, malhonnête ou lâche. Pas étonnant qu'elle ne fasse pas recette. La plupart des gens préfèrent les positions claires. Plutôt des affirmations tranchées que des allusions douteuses, des silences équivoques. Toutefois, est-ce si simple ?

Ne pourrait-on faire l'éloge de l'ambiguïté, entendre le terme en bonne part, souligner la nécessité de tenir compte des doubles faces de la réalité ? Au lieu de penser par exclusion, par contraires incompatibles, une telle pensée s'efforcera de s'installer à la jointure, par exemple, du corps et de l'âme, du visible et de l'invisible, des sciences et de la philosophie. Cet espace de la conjugaison, de la double face, est celui où s'inscrit l'œuvre de Maurice Merleau-Ponty.

Ce souci se manifeste d'abord dans une attention au corps, à la conscience située et concrète. Merleau-Ponty n'a jamais pensé, contrairement à Sartre, que la conscience était transparente à elle-même. Il s'est appliqué à mieux comprendre le mélange de clair et d'obscur dont la vie est faite, dans son double versant physiologique et psychologique. On le constate en 1942, dans *La Structure du comportement*, puis, en 1945, avec *La Phénoménologie de la perception*. Il y explore l'inclusion de l'homme dans la nature, l'incarnation de l'esprit, la chair de la pensée. L'effort de Merleau-Ponty consiste toujours à étudier l'appartenance paradoxale de l'être humain au sol terrestre dont il décolle sans se déprendre : « C'est à l'intérieur du monde que je perçois le monde ».

En fait, toutes nos expériences se tiennent dans un entre-deux. Le corps est matière autant qu'esprit – jamais l'un n'est sans l'autre. Le comportement n'est ni chose ni idée, mais forme en acte et sens en construction. La perception est rencontre d'une intention et d'un donné, le visible est rendu possible et organisé du dedans par ce qui échappe au regard. « Ce n'est pas l'œil qui voit. Ce n'est pas l'âme. C'est le corps comme totalité ouverte », lit-on dans le dossier d'un des derniers cours.

Vérifier les dés

La même attention à l'accouplement permanent du réel et du sens anime ses analyses politiques. Fondateur avec Sartre, en octobre 1945, de la revue *Les Temps modernes*, dont il assurera souvent les éditoriaux et la réalisation, Merleau-Ponty n'a jamais été ni marxiste ni communiste. Il cosigne avec Sartre, en janvier 1950, l'article « L'URSS et les camps », qui commence ainsi : « Il est donc établi que des citoyens soviétiques peuvent être déportés en cours d'enquête, sans jugement et sans limite de temps. »

Il finit par rompre avec Sartre, le 8 juillet 1953. Leurs conceptions respectives de l'engagement sont devenues inconciliables. Sartre s'aligne de plus en plus directement sur les positions soviétiques. Merleau plaide au contraire, comme le souligne sa dernière lettre, pour une philosophie que définit « l'accord de principe et la discordance de fait du soi, des autres et du vrai », et « la patience qui fait marcher ensemble tout cela, tant bien que mal ». Dans *Les Aventures de la dialectique*, il pose la question : « Est-ce donc tricher de demander qu'on vérifie les dés ? »

Ce que met en jeu cette querelle, ce sont deux façons de comprendre la place des intellectuels dans les luttes politiques. Pour Sartre, l'essentiel est d'agir, de ne pas se taire, de prendre position. Ne pas faire le jeu de la bourgeoisie, par son silence ou par sa distance, voilà ce qui compte avant tout. Intervenir constamment dans l'actualité, réagir aux événements, à chaud, chaque fois, au jour le jour, est nécessaire pour ne pas trahir.

Sartre reproche à Merleau-Ponty, qui vient d'entrer au Collège de France, de n'avoir pas pris position publiquement sur un certain nombre d'affaires. « Tu te retires de la politique, tu préfères te consacrer à tes recherches philosophiques. » Ce retrait, pour Sartre, n'a rien de condamnable en soi, mais il ôte à Merleau-Ponty toute légitimité… pour formuler des objections envers Sartre ! « Si tu ne fais rien, tu n'as pas le droit de me critiquer politiquement, tu as le droit d'écrire ton livre, c'est tout. »

Face à ces déclarations péremptoires, et passablement terroristes, Merleau-Ponty est fin. Il sait quel regard Sartre porte sur lui : « Par une "mutation brusque", que tu dates de 1950, je me serais retiré de la politique pour faire de la philosophie, décision aussi peu contestable que celle d'être alpiniste, mais qui, pas plus qu'elle, ne peut avoir de sens politique ni se donner comme exemplaire. » Or c'est justement ce qu'il conteste. Car il n'est pas certain que la manière la plus efficace de s'engager soit d'« écrire sur les événements à mesure qu'ils se présentent ».

La tour d'ivoire est certes une illusion, mais l'absence de recul est à coup sûr un piège. Qui peut dire ce qui est plus efficace, à terme : cours de philosophie ou meeting politique ? En outre, le philosophe n'est pas seulement un faiseur de livres. « Il est dans le monde », dit Merleau-Ponty, il y intervient et le perturbe. Mais autrement que par des actions politiques directes. Situation ambiguë. Voyez Socrate.

Ce débat est évidemment sans fin et n'est pas circonscrit aux années 1950. Entre ceux qui jugent indispensable d'intervenir tout de suite et tout le temps et ceux qui exigent une certaine distance pour conduire des analyses de fond, l'opposition n'est pas près de disparaître. Les uns et les autres représentent sans doute deux faces indissociables de la vie intellectuelle.

Pourquoi le philosophe doit boîter

Merleau-Ponty a disparu brusquement alors qu'il travaillait, depuis plusieurs années, à une nouvelle analyse de l'ouverture interne du monde. Plusieurs textes posthumes ont indiqué les lignes principales de cet ouvrage suspendu par la mort – notamment *Le Visible et l'Invisible*, publié par Claude Lefort d'après les notes du philosophe, le manuscrit retrouvé de l'Introduction à *La Prose du monde*, les *Résumés de cours* (1952-1960) donnés au Collège de France, et des notes de cours inédites.

Parmi les points les plus intéressants de ces notes figure l'analyse des relations entre science et philosophie : ni opposition ni indifférence, mais critique et complémentarité. Sa critique s'exerce d'abord sur ce qui, chez les physiciens ou les biologistes, signe un reste d'appartenance à l'univers du mythe. « Son concept de Nature, dit Merleau-Ponty, n'est souvent qu'une idole à laquelle le savant sacrifie plus en raison de motifs affectifs que de données scientifiques. » La critique porte également sur cette « superstition des moyens qui réussissent » dont les scientifiques sont atteints, au point d'avoir parfois le regard trop court.

Il faut donc tenter de « voir derrière le dos du physicien ». Mais ce souci de voir, plutôt que d'intervenir, ne garantit au philosophe aucun privilège. Il serait dangereux de lui « laisser toute liberté. Se fiant trop vite au langage, il serait victime de l'illusion d'un trésor inconditionné de sagesse absolue contenue dans le langage et qu'on ne posséderait qu'en le pratiquant. D'où les fausses étymologies de Heidegger, sa Gnose ». Soucieux de ne pas tomber dans ce piège, Merleau-Ponty s'est informé des travaux scientifiques avec une acuité et une rigueur rares. L'étendue et la variété de ses lectures étonnent. De la psychologie expérimentale à la biologie cellulaire, de la physique quantique à la cybernétique, il appuie sa réflexion sur de multiples références exactes.

Son analyse ne se borne donc pas à commenter superbement les variations du concept de Nature, d'Aristote à Husserl et à Whitehead, en passant par Descartes, Kant, Schelling, Bergson et quelques autres. Elle s'intéresse aux taches des grenouilles comme aux tortues artificielles, au ver marin comme aux blastomères de l'œuf d'oursin. La démarche est toujours la même : ne jamais acquiescer à une seule possibilité – ce qu'il nomme la « claudication » du philosophe –, jouer les questions des sciences contre les réponses des philosophes, et inversement.

Où cela conduit-il ? À l'idée que la nature est l'autre face du corps, à la fois dépassée par le langage et cependant toujours là, sous la forme de l'« être sauvage », présence invisible et constante, et non commencement lointain dont nous serions séparés de longue date. D'autres résultats sont entrevus, comme le rapport de l'homme à l'animalité (latéral, non hiérarchique). Tous proviennent de la même nécessité : penser ensemble, et dans leur réciprocité, des éléments que l'on avait crus, à tort, séparables ou disjoints.

Corps-âme, nature-langage, science-philosophie, chose-idée, neurone-pensée… ne sont jamais, pour Merleau-Ponty, des termes radicalement opposés.

Voulant « décrire l'homme comme un chantier », il s'efforce de penser leur rencontre, leurs échanges, voire leur fusion instable. C'est en cela qu'il est un maître.

De Merleau-Ponty, que lire en premier ?

Éloge de la philosophie et autres essais (Gallimard, « Folio », 1989).

Et ensuite ?

Les Aventures de la dialectique (Gallimard, « Folio », 2000), *Le Visible et l'Invisible* (Gallimard, « Tel », 1979) et le volume d'*Œuvres* sous la direction de Claude Lefort (Gallimard, Quarto, 2010) qui regroupe les livres majeurs.

Sur Merleau-Ponty, que lire pour aller plus loin ?

L'introduction de Claude Lefort au volume des *Œuvres* mentionné ci-dessus.

Merleau-Ponty, le corps et le sens, de Clara da Silva-Charrak (PUF, 2005).

Le Vocabulaire de Merleau-Ponty, de Pascal Dupond (Ellipses, 2001).

☞ *Chez Merleau-Ponty, l'homme construit le sens du monde, de manière imparfaite, en interaction constante avec la nature et le corps.*

☞ *Avec Camus, au contraire, l'absurde vient en premier et seule la révolte rend l'homme digne.*

• NOM : *ALBERT CAMUS*

• LIEUX ET MILIEUX

La lumière de l'Algérie et la Méditerranée habitent la vie de Camus comme une force et une nostalgie.

• **10** DATES

1913 Naissance en Algérie, à Mondovi.

1923-1930 Boursier au Lycée de Mustapha à Alger.

1930-33 Tuberculose et guérison (rechute en 1942).

1942 Publie *Le Mythe de Sisyphe.*

1944 Premier numéro du journal *Combat.*

1947 Publie *La Peste.*

1951 Publie *L'Homme révolté.*

1952 Rupture avec Sartre.

1956 Prix Nobel de Littérature.

1960 Mort à Villeblin, le 4 janvier 1960 dans un accident de voiture.

• SA CONCEPTION DE LA VÉRITÉ

La vérité, pour Camus :
se découvre dans la confrontation avec l'absurdité du monde,
se construit par l'action, obstinément,
se partage par les œuvres, poétiques aussi bien que théoriques.

• UNE PHRASE-CLÉ

« Je me révolte, donc nous sommes. »

• SA PLACE DANS LA PENSÉE CONTEMPORAINE

Controversé de son vivant, glorifié après sa mort au risque de se retrouver embaumé et momifié, l'écrivain philosophe semble devenir de plus en plus actuel, en raison même des mutations globales du monde actuel.

Chapitre 12

Où Albert Camus persiste à croire en l'homme révolté

Fréquemment méprisé par les intellectuels, souvent détesté par la gauche, tenu à l'écart par la droite, Camus a cheminé en solitaire. À présent, tout le monde s'accorde pour célébrer sa grandeur. On loue l'écrivain de génie, engagé mais jamais inféodé, le journaliste de haut vol, le dramaturge, le poète, le romancier… Son corps demeure au cimetière de Lourmarin, mais sa silhouette est désormais tout entière « panthéonisée ».

Reste à savoir à quel titre. Est-ce dans le panthéon des philosophes que Camus a sa place ? On ne manque pas d'arguments pour répondre « oui ». Les thèmes majeurs de ses essais plaident en ce sens : l'absurdité de la condition humaine dans *Le Mythe de Sisyphe* (1942), la dénonciation des servitudes révolutionnaires dans *L'Homme révolté* (1957). Il y a plus. Partout dans l'œuvre se manifeste ce balancement essentiel : le monde ne permet aucun espoir, il faut décider d'agir envers et contre tout. Ce qui pourrait bien ressembler à une philosophie pratique pour notre temps.

Il existe, toutefois, des raisons de refuser à Camus le titre de philosophe. On le dira homme de réflexion, mais pas maître des concepts. D'ailleurs, Camus semble avoir tranché lui-même dans ce débat : « Je ne suis pas un philosophe et je n'ai jamais prétendu l'être. » Ou encore : « Pourquoi suis-je un artiste et non un philosophe ? C'est que je pense selon les mots et non selon les idées. »

Pourtant, l'affaire n'est pas réglée. Camus lui-même a inversé le sens de ces dernières affirmations, en soutenant que l'écriture romanesque, à ses yeux, n'est pas moins philosophique que l'analyse théorique : « On ne pense que par images. Si tu veux être philosophe, écris des romans. » Et ailleurs : « Les sentiments, les images multiplient la philosophie par dix. » Ne pas être un théoricien, avancer sans système ni jargon, passer du théâtre au journalisme et du roman à l'essai, pourrait donc être une façon singulière de se montrer, par temps d'épreuves et d'impuissance, plus et mieux philosophe. À la limite, littérature et poésie contiendraient plus de vérité philosophique que la prose grise des professeurs.

D'autre part, Camus n'avance pas sans boussole. Sa préoccupation n'est certes pas d'édifier un système rigoureux. Mais son chemin se définit clairement grâce à une constellation de positions fondatrices – bien connues, pas toujours bien comprises. Tout commence par l'absurde. Cette notion constitue la toile de fond, l'arrière-plan constant de sa réflexion. Mais on omet fréquemment de souligner comment Camus en renouvelle le sens et la portée.

Endurer le silence du monde

Il ne se contente pas de dire que la réalité est chaotique, irrationnelle et dépourvue de sens. Il précise, dans *Le Mythe de Sisyphe* : « L'absurde naît de cette confrontation entre l'appel humain et le silence déraisonnable du monde. » Il faut donc poser ensemble l'impérieux désir de comprendre qui taraude la solitude humaine et l'absence continue de réponses. En fin de compte, tout demeure pour l'homme à jamais incompréhensible parce que insensé : la persistance du mal, l'inexistence du progrès, l'échéance de la mort.

Faut-il se suicider, pour en finir, plutôt que d'endurer l'absurde ? Le suicide devient, en ce cas, la première question philosophique. Il faudrait la résoudre avant toute autre, les dilemmes habituels ne venant qu'ensuite. Savoir si la vie vaut la peine d'être vécue serait la question préalable de la philosophie. Ce n'est pas la plus brillante idée de Camus. Qui donc s'est jamais réellement demandé : avant de réfléchir à tel ou tel problème, je dois d'abord décider si je dois vivre ? Voilà bien un excès d'artifice. On dirait une des constructions dont les philosophes ont le secret : évidente, en apparence, bien qu'elle ne corresponde à rien de réel.

L'essentiel, en fait, réside dans la réponse : il ne s'agit pas d'effacer l'absurde, mais au contraire de s'y ancrer. Il faut le maintenir comme destin assumé, surmonté par le mépris et la joie de l'instant. Et métamorphosé par la révolte – second maître mot de l'œuvre. La révolte – contre chaque servitude, chaque humiliation, chaque indignité – constitue le ciment des complicités humaines, le terreau multiple de toutes les solidarités. « Je me révolte, donc nous sommes » sonne, dans *L'Homme révolté*, comme une sorte de nouveau *cogito*. Encore faut-il – là, Camus est vraiment grand – que la révolte ne cède jamais à la démesure, qu'elle ne se retourne pas contre elle-même, transformant la construction de la liberté en terreur et les victimes en nouveaux bourreaux.

C'est ici que se séparent le chemin de Sartre, qui fait cause commune avec les communistes, et celui de Camus. Pour lui, la révolte doit s'exercer aussi contre les révolutions – au nom de la dignité, du respect de l'humain. Au nom de l'instant, aussi. Et de la nature, faudrait-il ajouter. Car s'impose également, dans l'humanisme de Camus, une révolte contre l'omniprésence de l'Histoire et l'obsession de son sens. Ne penser qu'à l'Histoire alimente la peur de jouir, occulte la lumière du monde.

Le corps exige l'instant, la vie choisit nécessairement le présent plutôt que les lendemains. Nos combats seraient des défaites s'ils devaient nous faire oublier l'éclat de la mer ou la douceur sans nom d'une peau. C'est peut-être en raison de ce profond ancrage dans la réalité charnelle que Camus est un philosophe à la fois si singulier et si solitaire.

Il n'appartient évidemment pas à la tribu des rats de bibliothèque, éplucheurs d'arguments et jargonneurs de chapelle – pas plus qu'à celle des voltigeurs d'abstractions ou des artisans de la glose. Ses romans appartiennent à leur manière à sa geste philosophique. *L'Étranger*, *La Peste*, *La Chute* – comme les nouvelles de *L'Exil et le Royaume*, le théâtre, les éditoriaux – sont les modes de réflexion et d'intervention d'une seule et même vitalité.

Être philosophe, avec Camus, signifie renoncer aux certitudes mais pas aux luttes, s'efforcer obstinément de penser son temps, endurer le chaos et y tracer sa route. Cela suppose aussi de supporter les malentendus. C'est ce que confirment les propos de l'écrivain, le 10 décembre 1957, à la conférence de presse du prix Nobel : « Les philosophes communistes disent que je suis un philosophe réactionnaire, les philosophes réactionnaires disent que je suis un philosophe communiste.

Les athées me trouvent très chrétien, les chrétiens déplorent mon athéisme [...]. » À la question d'un journaliste qui lui demande sa position politique il répond : « La position d'un solitaire. » On pourrait en dire autant de sa position philosophique.

En raison d'une dernière singularité, qui rassemble en sous-main toutes les autres, Camus pense à partir de l'homme et pour lui. Ce n'est pas seulement héroïque, au cœur du siècle le plus inhumain de toute l'Histoire. C'est aussi, dans la philosophie contemporaine, occuper une place pratiquement désertée. L'antihumanisme domine, sous des formes multiples, la pensée du XXe siècle – de Heidegger au structuralisme, du positivisme logique à la déconstruction prônée par Jacques Derrida. Camus, lui, se révolte contre cette désintégration de l'humain. À ce titre, il appartient sans doute à l'avenir plus qu'au passé. En 1937, Paul Eluard écrivait : « Le poète est celui qui inspire, bien plus que celui qui est inspiré. » On devrait en dire autant de la manière dont Camus incite, encore aujourd'hui, à philosopher dignement.

Actualité de la révolte

C'est pourquoi, plus que tout autre titre de ce solitaire, il faut lire aujourd'hui *L'Homme révolté*. Ce livre de 1951 concerne notre avenir. Voilà qui peut étonner, tellement il est évident que nous avons changé d'époque depuis sa parution. Le totalitarisme marxiste, principale cible d'Albert Camus, a pratiquement disparu. De l'empire communiste qui dominait une grande partie du monde, les rares survivances, comme la Corée du Nord, font presque figure de curiosités, semblables aux Amish aux États-Unis. L'idée de révolution, dont Camus construit une belle analyse critique, occupait une place centrale dans le paysage. Mis à part quelques nostalgiques et illuminés, plus personne, à présent, ne s'en soucie vraiment,

Pourtant, cet essai n'est en rien caduc. Il échappe, pour l'essentiel, au style photos jaunies et débats d'archives. Certes, il traite aussi de questions refroidies : un intellectuel peut-il soutenir Staline ? Doit-il se taire, doit-il hurler, quand l'espérance se change en machine à tuer ? Le risque se profile d'une classique dissertation « éthique et politique », avec passage obligé sur les fins et les moyens, peu de pensée diluée dans beaucoup de rhétorique. De méchantes langues ont tellement vilipendé la « sous-philosophie » de Camus qu'un lecteur peut craindre de se voir infliger, sur une actualité dépassée, des banalités éternelles. Erreur complète.

Au contraire, ce chef-d'œuvre apparaît prophétique. L'évolution de la planète donne une pertinence nouvelle aux analyses de Camus, sa tentative philosophique prend un sens inattendu en fonction des mutations de l'histoire. Ainsi ses notions clés – « absurde », « révolte », « limite » – parlent-elles moins, désormais, du passé que de notre présent et de notre futur. Car « l'absurde » n'est pas intemporel. Certes, en 1951 comme à présent, les humains demandent continûment quel sens a le monde et toujours le même silence leur répond. Mais la profonde déraison de la réalité, cette « fracture entre le monde et mon esprit », que Camus a nommée l'absurde, revêt, pour nous, une forme inédite.

Car nous savons désormais qu'une fin définitive de l'aventure humaine n'est pas à exclure. Le saccage de la planète par les prédateurs androïdes n'étant pas près de cesser, il peut se révéler irréversible, et notre disparition assurée. Y a-t-il plus forte illustration de l'absurde que l'autodestruction de l'espèce douée de raison ? Voilà, pour notre temps, le plus intense motif de révolte, et donc d'énergie pour agir. Si la révolte est bien, comme le souligne Camus, « une des seules positions philosophiques cohérentes », ce n'est pas d'un point de vue théorique, ni au terme d'une démonstration argumentée.

La révolte est d'abord sursaut face à l'absurde : volte-face, comme son nom l'indique, elle surgit à l'instant où l'on se dit « ce n'est plus possible ». Et ce non « affirme l'existence d'une frontière ». D'un coup, l'intolérable cesse d'être toléré. Fini les soumissions, les humiliations, les indignités, les injustices – un autre monde est souhaitable. Un monde plus humain est possible. Il existe déjà, dès que se manifeste la révolte, car elle est porteuse d'un ordre, d'un horizon, d'une série de valeurs.

En lisant Camus, on comprend mieux pourquoi de nouvelles révoltes se dressent face aux nouvelles formes d'absurde. Aujourd'hui, comment la révolte ne surgirait-elle pas, plus vive que jamais ? Inégalités croissantes, contrôles permanents, abêtissement baptisé « culture », indifférence généralisée infiltrent les moindres recoins du monde. Dans cette perspective, Camus est actuel.

Comme le sont, ou le redeviennent, ses analyses de la limite positive dont la révolte est porteuse. Car mesure et démesure habitent le cœur de son propos. Quand la démesure s'empare d'elle, la révolte finit par se retourner : on désirait la liberté, on fabrique la terreur. L'impulsion donnée par la révolte débouche sur une révolution permanente, et ce processus sans limites engendre la pire des inhumanités, celle où les justiciers se muent en criminels. Il faut donc se révolter aussi contre les révolutions, leur imposer le respect de la dignité, le simple sens de l'humain.

Le mérite de Camus est d'avoir fondé cette analyse sur une généalogie du nihilisme fortement élaborée. Du Marquis de Sade aux dandys romantiques, de Dostoïevski à Max Stirner, de Nietzsche à Lautréamont, de Saint-Just à Hegel, sans oublier des pages remarquables sur les nihilistes russes (Pisarev, Biélinski, Netchaïev), l'enquête ne montre pas seulement l'étendue de la culture de Camus. Elle convainc, si besoin est, du fait que cet artiste est aussi un penseur de vaste envergure, qui ne craint pas de résister à son temps. Cette évidence fut souvent oubliée – manière de faire payer à Camus ses grands crimes : avoir été de gauche mais anticommuniste, avoir été journaliste et écrivain mais vouloir penser en philosophe.

Est-il pleinement philosophe ? La question est vaine, si on ne dit pas en quel sens exact on emploie le terme. La réponse dépend évidemment de la conception, plus ou moins rigide, que l'on se fait de la philosophie. En fait, il importe moins de décerner des titres que de discerner des raisons d'agir. C'est ce que Camus a dit et redit : « Je ne suis pas philosophe. Je ne crois pas assez à la raison pour croire à un système. Ce qui m'intéresse, c'est de savoir comment se conduire. » Sur ce point, sa réflexion pourrait se résumer d'une phrase : il faut se révolter sans devenir inhumain, et refaire le monde, si possible, mais surtout empêcher qu'il ne se défasse. Voilà pourquoi il n'y a sans doute pas de pensée plus actuelle.

De Camus, que lire en premier ?

L'Homme révolté (Gallimard, « Folio », 1985).

Et ensuite ?

L'Étranger (Gallimard, Folio, 2005), *La Peste* (Gallimard, « Folio », 2008), *Le Mythe de Sisyphe. Essai sur l'absurde* (Gallimard, « Folio », 1985).

Sur Camus, que lire pour aller plus loin ?

Albert Camus, une vie, d'Oliver Todd (Gallimard, « Folio », 1999).

Dictionnaire Albert Camus, de Jean-Yves Guérin (Robert Laffont, 2009).

Cinquième partie

Ce que peut la vérité

La vérité peut libérer. Ouvrir l'esprit, défaire les liens. Elle a le pouvoir d'instaurer la liberté là où régnait la soumission. À la place d'une vie restreinte où chacun tourne en rond, elle est capable de faire naître l'horizon d'un autre monde, et de dessiner les chemins pour s'y rendre.

Curieusement, ces formules s'appliquent aussi bien à la libération spirituelle qu'à l'émancipation sociale. Elles valent pour les religions comme pour les sciences, et les luttes politiques.

Il se pourrait qu'un des traits singuliers du XXe siècle soit justement, sans qu'on s'en soit suffisamment avisé, de rapprocher ces deux démarches qu'en apparence, le plus souvent, tout oppose. Sans doute cette question devient-elle plus sensible dans la juxtaposition inaccoutumée d'un maître spirituel et politique, le Mahâtma Gandhi, d'un théoricien marxiste pur et dur, le philosophe Louis Althusser, et d'un anthropologue structuraliste, Claude Lévi-Strauss.

Au premier abord, rien de commun entre eux. Gandhi est ancré dans la terre indienne, tenace, modeste, mais aussi immergé dans la grande politique. Il est profondément croyant, et ne cesse d'affirmer que toutes les religions transmettent, en fait, un même fond de vérité. Althusser est un homme des villes, professeur, vivant entre les murs de l'École normale supérieure. Lui est convaincu que toutes les religions sont profondément fausses, persuadé que les hommes ne peuvent compter, pour s'émanciper, que sur leurs propres forces. Lévi-Strauss se refuse à prendre parti en politique – militant socialiste dans sa jeunesse, il est plutôt conservateur à l'âge mûr – et se borne à étudier, en observateur et surtout en théoricien, les écarts entre les sociétés humaines.

Malgré tout, ils ne sont pas dépourvus de points communs. Chacun, à sa manière, opère un décentrement qui met en jeu la place de l'Occident, le rôle de la raison et la libération de l'humanité. Gandhi conquiert à l'Inde une place dans le concert des nations, met en question le mode de vie industrialisé, qui se présente comme rationnel et se révèle déraisonnable. Althusser bouscule le dogme officiel du marxisme pour mieux le renforcer au nom de la science émancipatrice, et se trouve en même temps miné en secret par la folie. Claude Lévi-Strauss fait voler en éclats l'idée même d'une civilisation supérieure à une autre, et met en cause l'évidence acquise du règne humain sur la nature.

Ce qu'ils défont, par des moyens dissemblables mais finalement convergents, ce sont les cartes mentales du monde moderne. Ce qu'ils annoncent, entre disparité et convergence, ce sont quelques lignes de force du monde émergent.

• NOM : *MOHANDAS KARAMCHAND GANDHI*

• LIEUX ET MILIEUX

De l'Inde à l'Inde en passant par Londres et l'Afrique du Sud, la trajectoire de Gandhi mêle combats et méditations, affaires domestiques et politique internationale, philosophie et spiritualité.

• 11 DATES

1869 Naissance à Porbandar dans le Gujarat.
1883 Marié par ses parents, à treize ans, avec une jeune fille du même âge.
1888-91 Études de droit à l'University College de Londres.
1893 De retour en Inde, repart pour l'Afrique du Sud.
1893-1915 En Afrique du Sud, découvre les discriminations raciales, défend les droits civiques et forge sa méthode de lutte non violente.
1915 Retour en Inde, fondation de son ashram, multiples combats sociaux.
1930 Marche du sel, du 12 mars au 6 avril.
1940 Intensifie le combat pour l'indépendance de l'Inde.
1942-1944 Emprisonné par les autorités britanniques.
1947 S'oppose à la partition de l'Inde au moment de son indépendance.
1948 Assassiné le 30 janvier par un nationaliste qui le tient pour responsable de la partition.

• SA CONCEPTION DE LA VÉRITÉ

La vérité, pour Gandhi :
est Dieu,
s'expérimente par la méditation et par l'action,
est indissociablement morale et respectueuse des autres.

• UNE PHRASE-CLÉ

« Il y a beaucoup de causes pour lesquelles je suis prêt à mourir mais aucune pour laquelle je suis prêt à tuer. »

• SA PLACE DANS LA PENSÉE CONTEMPORAINE

Plus d'un demi-siècle après sa disparition, la figure de Gandhi et le type de combat qu'il représente continuent d'inspirer de nombreux mouvements à travers le monde.

Chapitre 13

Où le Mahâtma Gandhi réinvente la lutte morale

On croit généralement que Gandhi, le Mahâtma (« la Grande Âme »), est un homme politique d'un genre inhabituel, mâtiné de figure spirituelle et d'icône de sagesse. Mais on reconnaît rarement en lui un philosophe. Indiscutablement, c'est un maître à penser. Peu de figures sont aussi durablement influentes : plus d'un demi-siècle après son assassinat, il demeure une référence majeure pour des dizaines de milliers de personnes dans le monde.

En fait, il est malaisé à situer. Ni créateur de concepts, ni théoricien pur et dur, Gandhi n'est pas non plus une figure proprement religieuse. Il s'inscrit certes dans la filiation de l'hindouisme, affirme vénérer sans discrimination différentes formes de spiritualité – il en souligne les convergences, voire l'unité, plutôt que les dissonances. Malgré tout, il est homme de parole et d'action, maître de vie, plutôt que religieux au sens étroit.

Il s'est voulu universel en se voulant indien. Formé en Occident – il a d'abord découvert les textes sanskrits à Londres, au cours de ses études, dans des traductions en langues européennes –, il revendique son ancrage profond dans le terreau de la pensée indienne. Même s'il n'a exploré que progressivement, presque tardivement, la profondeur indienne, Gandhi est devenu un de ses plus puissants emblèmes.

Il est surtout persuadé que la vérité est active, qu'elle peut changer le monde par la seule puissance de son obstination. Si l'on s'intéresse aux conceptions contemporaines de la vérité, à la manière dont est affirmée, ou niée, l'efficacité de la vérité, Gandhi est à rencontrer. Car il incarne de manière presque parfaite cette idée : des vérités morales existent, capables de guider l'action humaine et les luttes politiques.

Le nom même que Gandhi a donné à sa doctrine – *satyagraha* – signifie l'étreinte – ou l'emprise (*agraha*) – de la vérité. *Satya* désigne en sanskrit ce qui existe, ce qui est, ce terme signifiant aussi la vérité en tant que réalité pour l'esprit. Pour Gandhi, il s'agit en premier lieu des valeurs morales, du bien. Il ne cesse de s'y référer. Pour lui, cette vérité morale possède une efficacité, une emprise sur la réalité, un pouvoir sur l'histoire. Ce n'est en aucune manière une ombre, un royaume évanescent dépourvu d'impact sur les rapports de force et les luttes qui composent le monde. Au contraire, la vérité est l'arme la plus puissante.

Cette attitude de Gandhi envers la vérité est proche de celle de Socrate. Dans le dialogue de Platon intitulé *Gorgias,* Socrate met l'accent sur l'existence d'un plan de réalité morale qui n'a rien à voir avec le registre des faits. Ce qu'il refuse : le critère unique constitué par la victoire dans le seul registre des faits. À cette aune, toute justice s'évanouit. Car les tyrans l'emportent, en fait – et les opposants perdent. Car les bourreaux, en fait, spolient les victimes, se débarrassent des corps et célèbrent leur forfait. S'il n'y a que les faits, personne ne choisira la défaite, le sacrifice et la souffrance. Le jeune Calliclès, qui défie Socrate avec l'arrogance des réalistes, répète cette évidence des rapports de force : mieux vaut être bourreau que victime. Aux criminels les mains pleines, et aux justes leurs yeux pour pleurer. Si telle est la seule réalité, aucune hésitation – il faut faire jeu gagnant, donc être le plus fort. Le reste n'est qu'enfantillage.

La rectitude de Socrate, et celle de Gandhi, fait intervenir, au contraire, un autre registre de réalité – celui de la justice et des normes morales. Où les bourreaux sont perdants, et les victimes glorieuses. Somme toute, ou bien il n'y a qu'un seul ordre du monde, celui des faits et des rapports de force, ou bien il y en a deux – les faits et les valeurs, les forces et le droit. Ce clivage n'a cessé de traverser la pensée.

On a donc tort de prétendre que les bons sentiments ne peuvent faire une bonne politique, et de répéter que seuls les résultats comptent. Gandhi veut rappeler que ce réalisme a ses limites, et qu'une vérité plus forte, en fin de compte plus efficace, doit le remplacer. Pour parvenir à cette conclusion, et à la maîtrise qui va lui permettre de la mettre en action, son chemin fut long et d'abord tâtonnant.

Un avocat en exil

Le parcours vers la sagesse est sinueux. Né dans une famille modeste de la caste des marchands, c'est à douze ans que le jeune garçon est marié, selon les traditions. Malgré les interdits liés à sa caste, il part faire des études en Angleterre. Avant son départ, il jure de ne pas consommer d'alcool, de ne pas manger de viande et de ne pas connaître de femmes pendant son exil parmi les peuplades occidentales. Une fois ses diplômes obtenus, il retourne vers la terre natale, mais sa timidité rend difficile son entrée dans la vie professionnelle. Il saisit donc une occasion qui se présente : un poste d'avocat en Afrique du Sud. Là, il va lentement devenir lui-même.

Ces vingt ans que Gandhi passe en Afrique du Sud sont décisifs. Il forge sa personnalité, sa pensée, ses modes d'action. En défendant les droits des Indiens en Afrique du Sud, il découvre comment appliquer dans le monde moderne la *Bhagavad Gîtâ*, poème mystique décisif de l'Inde ancienne. Il lit Tolstoï et comprend grâce à lui la force et la grandeur du message évangélique. Il se pénètre également de la pensée de Henry David Thoreau, en particulier de son livre sur *La Désobéissance civile*.

Là se trouve l'essentiel des idées-forces de Gandhi. Il tente une synthèse entre « renoncement au fruit des actes » selon la *Bhagavad Gîtâ,* amour du prochain selon l'Évangile revu par Tolstoï, et théorie de l'action civile non violente selon Thoreau. Faire converger ces pensées, tenter de fusionner leurs apports, voilà à quoi il va s'employer en forgeant sa doctrine de la non-violence (*ahimsa*, formé à partir du *a* privatif et de *himsa*, violence).

La non-violence comme lutte

On commet de multiples contresens dans l'interprétation de cette non-violence. On imagine en effet trop souvent qu'elle signifie absence de conflit, paix, douceur générale et entente universelle. Ce n'est pas ainsi que Gandhi comprend cette idée. Évidemment, de tels objectifs demeurent à l'horizon de sa pensée et de son action. Mais la non-violence est d'abord une forme particulière de combat, politique et social. Sa dureté, ses implications, son intensité conflictuelle sont bien plus fortes qu'on ne l'imagine généralement. Bonnes paroles et volonté de paix ne suffisent pas. Il s'agit réellement de se battre – pour le refus de la taxe sur le sel (1930) ou pour l'indépendance de l'Inde.

Ces conflits sont longs et vifs. La non-violence ne signifie nullement absence de luttes, mais refus de la force physique dans le combat. La violence corporelle est remplacée par une violence morale, une forme de défi qui en appelle à la moralité et à la conscience de l'autre, tout en prenant sur soi une part du risque. Lorsque Gandhi annonce qu'il va jeûner jusqu'à la mort, il met d'abord sa propre vie dans la balance. Ce geste implique que son horizon de lutte s'adresse non pas au corps et à la force physique de ses adversaires, mais à leur conscience morale et à leur humanité.

Schématiquement, il ne s'agit plus de dire à l'autre : « Je suis le plus fort physiquement, donc tu vas céder, parce que je vais te dominer par le pouvoir des armes et la terreur. » Il s'agit au contraire de lui dire : « Tu es un être humain, donc ta conscience ne pourra pas me laisser mourir. Car si tu me laissais mourir, mon trépas serait de ta responsabilité. » C'est un changement de registre dans la lutte. La tactique consiste à prendre l'adversaire au piège de la morale, au piège de sa propre humanité. Cela suppose un double pari.

D'abord un pari sur l'existence – comme Socrate l'affirme – d'un registre des valeurs morales. Si elles n'étaient qu'illusions, mensonges, mirages, pareille démarche perdrait toute validité. Il faut également parier sur l'humanité de l'adversaire. Imaginons qu'il récuse cet appel à sa conscience, qu'il considère que celui qui choisit de mettre en danger sa propre vie ne doit s'en prendre qu'à lui-même et que cela n'a aucune incidence sur la culpabilité de son adversaire, l'action toute entière serait vaine.

Du point de vue philosophique, Gandhi a cette particularité d'avoir tenté de ressusciter la vérité morale dans un monde et un siècle qui l'avaient anéantie et s'employaient à la nier radicalement. À ses yeux, inclure cette dimension morale dans les rapports de force prépare un changement radical du monde. « En appliquant le *Satyagraha*, écrit-il, j'ai découvert, dans les dernières manifestations, que la poursuite de la vérité n'admettait pas que la violence soit imposée à son opposant, mais qu'il doit être sevré de l'erreur par la patience et la sympathie. Pour ce faire, ce qui apparaît comme vrai pour un doit apparaître faux pour l'autre. Et la patience signifie souffrance personnelle. En bref, la doctrine signifie la revendication de la vérité, non pas en infligeant de la souffrance à l'adversaire mais en la prenant sur soi. »

Cette grandeur d'âme n'implique pas que le Mahâtma ait raison en tout. Il commet lui aussi bien des erreurs et des excès, notamment en refusant de manière méprisante, souvent excessive, modernité, progrès et industrie. Sa manière de juger que presque tout ce qui est technologique doit être rejeté – comme en témoigne sa campagne pour que chaque Indien fabrique lui-même ses vêtements – est archaïque et illusoire.

Sans la chair

Il y a en fait plus d'une bizarrerie chez ce maître héroïque. Gandhi, alias *Gandhiji* (le *-ji* marque le respect et l'affection, tournant parfois à la vénération), alias *Bapu* (« père » en gujarati) est à la fois un mythe politique, une icône spirituelle et un homme réel, mélange de fragilité et de détermination, de grandeur et d'étrangeté. Dans l'intimité, il se révèle souvent intransigeant et instable. On peut juger terrible la pureté de cette grande âme, qui semble incompatible avec toute relation amoureuse.

Ses biographes nous montrent en effet un homme obsédé par l'exigence d'être transparent (il dit tout, publie tout), maniaque de discipline (la cloche retentit dans son ashram… cinquante-six fois par jour !), expérimentateur de régimes alimentaires innombrables (il en change fréquemment), constamment attiré par ceux qui souffrent plutôt que par ceux qui vont bien, soucieux de soigner son entourage, à qui il prescrit continûment des remèdes élémentaires à l'efficacité, elle aussi, élémentaire.

Surtout, il s'applique systématiquement à considérer les erreurs des autres comme étant les siennes. Des fautes sont-elles commises par quelques membres de sa communauté ? C'est en raison, dit-il, de ses vices à lui. Il va donc se punir de ce qu'ils ont fait, persuadé que son amélioration rejaillira sur les autres. Une telle perméabilité morale – où l'on ne sait plus qui est responsable de quoi – paraît à certains grandiose et digne d'admiration. Elle me paraît mener à un totalitarisme de la pureté. On voit ainsi Gandhi s'acharner sans relâche contre le désir sexuel, le sien comme celui des autres.

Être amoureuse d'un tel homme n'est pas une partie de plaisir. Madeline Slade, que Gandhi va renommer « Mira », en fait longuement l'expérience, à la fois chaste et douloureuse. Cette grande fille exaltée a pour père l'amiral de la flotte britannique, personnage considérable. Elle a vécu à Bombay entre 15 et 17 ans, ne connaissant de l'Inde que les salons impeccables de l'Amirauté et les courts de tennis dans le parc. Revenue en Angleterre, elle se passionne pour Beethoven, vit un amour impossible avec un pianiste, admire Romain Rolland et finit par lui écrire. Grâce à lui, elle découvre le « nouveau Christ » : Gandhi !…

À peine achevée sa lecture du livre que Romain Rolland consacre à Gandhi, sa décision est prise : elle ira le rejoindre, se mettra à son service, partagera la vie humble de l'ashram. Sa première lettre au maître annonce cette résolution, en précisant qu'elle se donne un an pour se préparer. Il répond que ce délai est effectivement raisonnable, pensant peut-être qu'elle aura le temps de changer d'avis.

Elle engage un professeur d'ourdou, fait ôter le lit de sa confortable chambre pour s'habituer à dormir au sol, cesse de manger de la viande. Enfin, le 25 octobre 1925, à 33 ans, Madeline monte dans le paquebot pour Bombay. Elle vivra de nombreuses années auprès de Gandhi, deviendra une des figures de l'histoire indienne contemporaine avant de se retirer à Baden, en Allemagne, pour rêver de Beethoven, autre amour inaccessible. Ainsi la boucle est-elle bouclée, au terme d'une passion presque stendhalienne dont un beau roman de Sudhir Kakar retrace la croissance et l'impossibilité.

« L'esprit sans la chair est parfait, et c'est tout ce dont nous avons besoin », finit par écrire le Mahâtma à Mira. On peut juger pareille pureté sublime, idéale, admirable. On peut aussi la trouver peu ragoûtante, mi-sadique mi-assassine, et surtout extraordinairement violente. Parmi les gens qui parlent tout le temps d'amour, beaucoup n'y comprennent pas grand-chose.

De Gandhi, que lire en premier ?

La Voie de la non-violence (Gallimard, « Folio », 2005).

Et ensuite ?

Autobiographie ou mes expériences de vérité (PUF, « Quadrige », 2007).

Les lecteurs anglophones peuvent se reporter à l'excellent site où sont disponibles en ligne pratiquement tous les livres, articles et discours de Gandhi, soit plusieurs dizaines de milliers de pages (www.mkgandhi.org).

Sur Gandhi, que lire pour aller plus loin ?

Gandhi, athlète de la liberté, de Catherine Clément (Gallimard, « Découvertes », 2008).

Gandhi, de Christine Jordis (Gallimard, 2006).

Gandhi ou l'éveil des humiliés, de Jacques Attali (Fayard, 2007).

☞ *Avec Gandhi, le chemin de l'émancipation est spirituel et moral, la politique passe par le ciel des valeurs.*

☞ *Avec Althusser, dans le prolongement de Marx, la lutte est violente, dans l'économie et la société, mais aussi dans les idées.*

• NOM : *LOUIS ALTHUSSER*

• LIEUX ET MILIEUX

Les salles de cours de l'École normale supérieure de la rue d'Ulm, à Paris, les intellectuels communistes, et les cliniques psychiatriques.

• 9 DATES

1918 Naissance à Alger.
1940-45 Prisonnier en Allemagne.
1945-48 Élève de l'École normale supérieure.
1948 Adhère au Parti communiste.
1965 Publie *Pour Marx* et le livre collectif *Lire Le Capital.*
1969 Publie *Lénine et la philosophie.*
1974 Publie *Eléments d'autocritique.*
1990 Mort à Paris.
1992 Publication posthume de son autobiographie, *L'Avenir dure longtemps.*

• SA CONCEPTION DE LA VÉRITÉ

La vérité, pour Althusser :
s'élabore au sein d'une « pratique théorique »,
se constitue par réorganisation de concepts,
peut existur dans le domaine de l'histoire comme dans celui des sciences.

• UNE PHRASE-CLÉ

« L'idéologie guette la science en chaque point où défaille sa rigueur. »

• SA PLACE DANS LA PENSÉE CONTEMPORAINE

Considérable dans les années 1960, elle s'est réduite à bien peu de choses dans les décennies suivantes, mais semble susciter ces dernières années une attention nouvelle.

Chapitre 14

Où Althusser et ses fantômes reviennent d'entre les morts

Qui donc se souvient de Louis Althusser ? Depuis son exil de la scène publique en 1980, et sa disparition en 1990, l'œuvre et la pensée de ce philosophe semblent avoir glissé dans la pénombre. Pourtant, durant les décennies 1960 et 1970, ce fut un maître à penser pour toute une génération d'intellectuels – français, européens mais aussi africains ou latino-américains. Pareil oubli n'est pas lié au temps : on se souvient mieux de philosophes plus anciens – Bergson ou Wittgenstein. Si la pensée d'Althusser semble s'être estompée, c'est en raison de l'effondrement du marxisme.

Pour une grande partie du XXe siècle, on l'a presque oublié, le marxisme ne fut pas seulement un corps de doctrine ou un ensemble d'outils intellectuels. Il a constitué un « horizon indépassable » (Sartre), une assise théorique, politique, géopolitique. Un monde en soi. À l'intérieur de cet univers, la démarche d'Althusser a constitué un moment important. Il mérite aujourd'hui d'être de nouveau éclairé – pour d'autres raisons que le souci d'écrire l'histoire.

En effet, après une longue éclipse, en dépit des démentis de l'histoire, des philosophes croient à la possibilité d'une reconstitution du marxisme et d'une résurgence des mouvements révolutionnaires. Se pencher sur l'œuvre d'Althusser n'est donc pas simplement exercice d'historien. C'est mettre en lumière un type de pensée que certains tentent de réanimer.

Du marxisme comme science

L'originalité de Louis Althusser a été d'opérer une jonction entre Marx et le structuralisme. L'étiquette « structuralisme », qui s'est diffusée dans les années 1960 et 1970, regroupait de manière abusive et simplificatrice des penseurs très différents – notamment Georges Dumézil, Claude Lévi-Strauss, Jacques Lacan, Louis Althusser, Roland Barthes, Michel Foucault – sans parvenir à les réunir dans un mouvement de pensée réellement commun. Mais la méthode structurale n'en a pas moins une singularité : elle consiste à dégager du brouillard des faits (textes ou récits, mais aussi concepts, ou œuvres d'art) des schémas organisateurs invisibles au premier abord. Elle tente de rendre compte des phénomènes par le jeu des transformations de ces schémas. Althusser va appliquer cette approche à l'évolution des analyses de Marx.

À l'École normale supérieure – où il est répétiteur, « caïman » dans l'argot des normaliens –, Althusser exerce une forte influence dans les années 1960. Membre du Parti communiste, il incarne une discrète contestation interne de la ligne officielle du Parti, pour l'orienter vers une politique plus révolutionnaire. Il reproche à la politique communiste officielle d'être molle, empêtrée dans des conceptions dépassées, humanistes et confuses qui mènent à des politiques opportunistes et sans efficacité.

Pour combattre ces dérives, selon Althusser, il faut faire « retour à Marx », et montrer comment s'est constituée, dans son œuvre, une véritable science de l'histoire. Car la science constitue véritablement le modèle de référence pour Althusser. Tout se fonde, pour lui, sur le processus de constitution d'une science, selon un schéma emprunté à Gaston Bachelard.

Dans *La Formation de l'esprit scientifique* (1938), Bachelard a étudié ce passage du préscientifique au scientifique, afin de mettre en lumière la constitution de la physique moderne comme science. Il a forgé notamment la notion de « rupture épistémologique » – une mutation du savoir qui fait passer du tâtonnement d'avant la science au discours scientifique cohérent, articulé, correctement configuré.

Chez Bachelard, ce n'est pas l'expérience qui commande, mais la théorie. L'émergence de la connaissance scientifique est principalement affaire de concepts : elle résulte de leur formation pertinente, de leurs relations au sein d'un nouveau système, qui permet un nouveau discours. Ces analyses, Bachelard les élabore à propos de sciences dures, de connaissances relatives à la nature.

Les transposer à l'étude de la culture, à l'analyse de l'histoire et de la politique, tel est le geste d'Althusser. Il cherche à cerner le moment où se constitue chez Marx une « science de l'histoire », et donc du politique. Ce qui intéresse Althusser n'est donc pas le Marx moral, l'homme indigné du travail des enfants, le cœur qui proteste face à l'injustice et aux souffrances qu'endurent les prolétaires. C'est le penseur d'une vérité scientifique, d'un savoir nouveau, qui transforme l'étude de l'économie et de l'histoire en une science révolutionnaire.

Lénine soutenait que « la théorie de Marx est toute-puissante parce qu'elle est vraie ». Althusser considère à son tour que l'apport essentiel de Marx est d'avoir constitué une science de l'histoire, en tout cas de s'en être approché. En lisant correctement Marx, on doit trouver les instruments d'une approche scientifique du politique, qui permette de prendre des décisions efficaces.

Cette conception suppose qu'il existe effectivement des lois de l'histoire – comme il existe des lois de la nature. La science qui les découvre permet d'agir avec pertinence sur la réalité. La connaissance vraie des sociétés et des conflits humains (rendue possible notamment par les concepts de modes de production, de lutte des classes) permet d'agir politiquement de manière pertinente. Tel est le credo de base.

Ni Aron ni Sartre

Althusser illustre ainsi de manière exemplaire ce que Raymond Aron fustigeait dans *L'Opium des intellectuels* (1955). Tout repose sur la conviction – pure croyance aux yeux d'Aron – que la connaissance historique peut devenir une science, et le cours des événements posséder des lois que l'on pourrait dégager. Là se situe un des clivages majeurs de cette époque : les uns définissent l'histoire et la vérité historique uniquement en termes de contingence, de surgissement, d'imprévisibilité, d'aléas ; les autres considèrent au contraire l'histoire comme un processus déterminé, dont on peut dégager les mécanismes objectifs de développement, aussi étudiables que ceux de la physique ou de la chimie.

La démarche d'Althusser se veut « retour à Marx ». Cette reprise philosophique, critique et conceptuelle passe au crible les différents moments d'élaboration de la théorie marxiste. Objectif : mettre en lumière le moment où elle devient scientifique. Althusser combat vivement la représentation d'un Marx humaniste, défendant une nature humaine générale. Il insiste au contraire sur les éléments rapprochant la démarche de Marx et le structuralisme antihumaniste des années 1960. Les processus historiques constituent en effet des « procès sans sujet ». Les évolutions idéologiques ou scientifiques ne dépendent pas de la subjectivité des individus, elles se déroulent de manière autonome, quasiment mécanique.

De ce point de vue, le Marx d'Althusser est en opposition complète avec celui de Sartre. On devrait dire qu'ils sont en symétrie inverse. Chez Sartre, en effet, l'action dépend de la libre décision des sujets individuels, les événements de l'histoire se forment par les convergences, les chocs et les alliages de ces innombrables trajectoires subjectives. Au contraire, pour Althusser, ce sont les mécanismes impersonnels de l'histoire qui commandent, les actes individuels n'en sont que les répercussions.

Malgré tout, le marxisme demeure pour Althusser une recherche en chantier. Il refuse évidemment le point de vue de ceux qui considèrent l'œuvre de Marx comme dépassée, mais il rejette aussi le dogme communiste officiel qui fait du marxisme une doctrine achevée et parfaite, que l'on peut exposer et appliquer directement. Cheminant entre ces deux extrêmes, Althusser définit des étapes et des niveaux dans la pensée de Marx.

Trois moments, schématiquement, sont à distinguer : entre 1841 et 1843, Marx est encore humaniste, imprégné de la lecture de Feuerbach. À partir de 1844, il commence à « liquider sa conscience philosophique », il entre dans un monde de pensée encore marqué par l'utopie mais possédant déjà une préfiguration de ses concepts nouveaux. Enfin, dans les années suivantes, à mesure qu'il rédige *Le Capital*, la construction de la scientificité du marxisme se précise. Althusser cherche à mettre en lumière les points de rupture qui font passer la théorie de Marx vers une véritable science de l'histoire.

Ces analyses, qui eurent de fervents lecteurs à travers le monde au cours des années 1960-1970, paraissent aujourd'hui fort lointaines. Après la chute du mur de Berlin, la disparition du bloc soviétique, le ralliement de la Chine à l'économie de marché, l'idée d'une intelligibilité théorique de l'histoire ou la nécessité d'une révolution radicale semblent elles aussi difficiles à juger vivantes. Temporairement ou définitivement ? C'est une des questions de notre XXIe siècle, et une raison de relire Althusser. Ce n'est pas la seule.

Raison et déraison

Un autre motif de revisiter ce maître à penser est le singulier processus qui a conduit sa vie personnelle, jusqu'alors discrète, à basculer dans l'actualité des faits divers. Louis Althusser souffrait de troubles psychiatriques. Derrière le philosophe, le militant, le penseur communiste écouté des intellectuels, un sujet souffrant se débattait avec des crises de folie, des moments de dépression intenses, des hallucinations. En 1980, le 16 novembre, à l'aube, il étrangle sa femme Hélène. Ses disciples et amis ont œuvré pour que la démence soit retenue et qu'il ne soit pas considéré comme responsable. L'affaire a suscité des polémiques. Certains prétendent que par complaisance envers un intellectuel célèbre la justice a laissé échapper un criminel.

Les dix dernières années de sa vie, Louis Althusser a vécu libre mais anonyme, dans une sorte d'exil intérieur et de réclusion muette. Pour sortir de ce silence, il rédige *L'avenir dure longtemps*, son autobiographie. On découvre à sa parution, après sa mort, une autre face de Louis Althusser, qui pose la question des relations étranges que peuvent entretenir raison et folie.

En fait, la lutte contre la déraison appartient à la genèse de chaque être humain. Chacun de nous chemine longuement, parfois douloureusement, pour échapper au règne de la violence insensée, pour devenir capable de se mettre à parler. Ensuite, ces combats disparaissent de nos mémoires. Mais, en un sens, nous sommes tous d'anciens combattants de cette guerre contre la démence. Nous en portons, à notre insu, les cicatrices. Ces blessures anciennes s'ouvrent parfois, soudainement, comme des commémorations muettes. On appelle fous ceux qui ne s'en sortent pas.

Normalement, les philosophes semblent être passés du bon côté. Soldats de la raison, héros des lumières, ils passent pour avoir surmonté ténèbres, chaos et précipices, triomphé du désordre animal, accédé à la paix d'une parole en règle et d'une pensée en ordre. On aimerait le croire. Car on admet aisément qu'un peintre, un musicien, un poète puisse côtoyer la folie ou s'y dissoudre. Mais on imagine plus difficilement qu'un artisan du concept soit sujet à des éclipses de conscience et des retours d'enfance.

Voilà ce qu'ont sans doute de plus troublant, et donc de plus intéressant, les textes autobiographiques de Louis Althusser : ils conduisent à considérer le lien d'une œuvre théorique avec l'évolution psychique la plus secrète de son auteur. Le philosophe lui-même pose la question, insolite et insoluble, des entrelacs de la réflexion philosophique et de l'histoire des affects.

Dans *L'avenir dure longtemps*, sa « traumabiographie », il affirme vouloir s'en tenir au récit de son histoire psychique. La trame de son explication veut que le père absent ou lointain, la mère « martyre » – aimant en Louis, son fils vivant, cet autre Louis, mort, qui aurait dû être son mari –, fassent de cet enfant occupant la place d'un mort un « typapart ».

Mais pourquoi un philosophe ? Être philosophe, dit-il, répondrait au désir de sa mère qu'il soit un pur esprit. Être philosophe marxiste affirmerait son désir à lui d'être un corps autonome, en contact avec la « réalité nue ». Devenir un théoricien en rupture avec l'orthodoxie stalinienne satisferait son rêve de transformer le monde tout en demeurant dans la solitude et l'abstraction, ainsi que son besoin de soumission et de provocation envers l'autorité paternelle.

La position d'Althusser dans la vie intellectuelle et politique de son temps correspond globalement à ce schéma : seul et influent, retiré à l'École normale comme Descartes en son poêle ou Wittgenstein dans sa cabane de Norvège, il est à la fois à l'intérieur et à l'extérieur du Parti, faisant preuve à distance d'une science de la conjoncture qu'il attribue lui-même aux tribulations de son histoire infantile. Sa conception de l'histoire comme « procès sans sujet ni fin », son analyse des « appareils idéologiques d'État » (famille, école, etc.), son antihumanisme théorique, condition à ses yeux d'un humanisme réel, peuvent être mis en résonance avec la configuration de ses structures psychiques. Son fantasme central de disparition dans l'anonymat serait à rapprocher aussi bien du contenu de son œuvre que « du silence et de la mort publique » où son meurtre l'a enfermé.

Les récits d'Althusser constituent donc l'une des très rares occasions où un philosophe s'interroge, explicitement, sur le lien qu'entretiennent ses constructions rationnelles et les enjeux obscurs de cette autre scène qui échappe à sa maîtrise consciente. Dans l'histoire de la pensée postérieure à Freud, c'est une des rares fois où ce problème est abordé avec acuité. Mais le résultat est trop beau pour être vraiment convaincant. Tout se passe comme si on ne pouvait tenir ensemble tous les fils. En fait, l'énigme demeure.

Peut-être est-ce cela, en fin de compte, qui fascine et retient : l'énigme. Face à cette vie en désarroi, qui soudain surgit de l'ombre où l'œuvre et les institutions l'avaient tenue, on a ce sentiment que le réel souvent fait naître : l'impression de ne pas parvenir à comprendre, de voir toujours se dérober une face des choses, et de rester à contempler cette étrangeté, simplement parce que… « c'est ainsi » – comme disait le jeune Hegel devant les Alpes bernoises.

La philosophie part toujours de là : elle commence avec cet étonnement, elle tente d'échapper à son caractère inintelligible. Le cas Althusser nous y reconduit. Plus on en sait, moins on y voit clair. Entre philosophie et folie, la frontière ici s'estompe, de façon troublante.

Un désir de révolution

Indépendamment du cas de l'homme Althusser, la pensée d'inspiration marxiste et d'aspiration révolutionnaire semble connaître, après un temps d'éclipse, un regain d'intensité. C'est en particulier chez des penseurs français que se poursuit ce *revival*. Les Français ont longtemps passé, dans l'histoire européenne, pour des têtes politiques. Le grand séisme de 1789 les a installés au cœur de l'histoire moderne. Le XIXe siècle les a vus plus d'une fois, créateurs héroïques et rebelles téméraires, se lancer à l'assaut du ciel.

Des Trois Glorieuses à la Commune de Paris, sans oublier la révolution de 1848, ce peuple s'est beaucoup insurgé. Ce n'est pas sans motif que Marx, Engels, Lénine considéraient les têtes françaises, même si elles étaient plus ou moins brûlées, comme des repères pour les grands soirs à venir.

À la fin du XXe siècle, la situation est tout autre. L'histoire a constaté que « construire un homme nouveau », « casser en deux l'histoire du monde » ne sont pas d'aimables utopies, capables de mobiliser des énergies enthousiastes, mais des idées meurtrières. La révolution, prolétarienne ou non, permanente ou culturelle, n'est pas seulement irréalisable. Elle est néfaste. Il faut commencer par en désespérer, totalement, pour s'attaquer aux luttes à mener – combats locaux, partiels, qui peuvent paraître indignes ou ridicules en comparaison de la grande apocalypse supposée tout transfigurer. Mais qui ont le modeste avantage d'exister.

Après de longues années banalement républicaines et parlementaires, la France se met, ici ou là, à rêver de nouveau l'ultime chambardement. On voit renaître et s'amplifier le vote protestataire en faveur d'organisations d'extrême gauche, les discours anticapitalistes, mâtinés de mille nuances altermondialistes ou écologistes. « Non » à la Constitution de l'Europe, émeutes dans les banlieues, mobilisations et manifestations répétées rapprochent des courants disparates. Entre eux, des clivages profonds existent – sur la place des luttes des femmes, de l'homosexualité, de l'héritage républicain. Le principal point de partage est sans doute l'attitude envers l'islamisme, que les uns soutiennent et que les autres combattent, définissant ainsi deux cultures politiques distinctes.

Pas d'unité non plus chez les théoriciens, sauf la commune volonté de penser le monde actuel afin de le renverser plus efficacement. Daniel Bensaïd, Antonio Negri, Alain Badiou, Étienne Balibar, Jacques Rancière ou Slavoj Žižek divergent dans leurs interprétations de l'histoire contemporaine, de la construction européenne ou du sens de la démocratie. Mais leur programme commun est d'en finir avec le monde tel qu'il est, d'y substituer un autre, radicalement différent.

On peut s'interroger sur la résurgence de cette radicalité. Rêve-t-on à nouveau de révolution par lucidité, comme le diront ses partisans, ou par aveuglement ? Par désir de vie, ou sous l'effet de la pulsion de mort ? Par souci d'émancipation, ou par goût du nihilisme ? Voilà qui est segmentant, comme on dit chez les publicitaires.

D'Althusser, que lire en premier ?

Pour Marx (La Découverte, 2006).

Et ensuite ?

L'avenir dure longtemps (Stock, 2007).

Sur Althusser, que lire pour aller plus loin ?

Louis Althusser, t. I : 1918-1945, t. II : 1945-1956, de Yann Moulier-Boutang (Le Livre de poche, 2002).

Louis Althusser, lecteur de Marx, de Jean-Claude Bourdin (PUF, 2008).

Avec Althusser, l'attention se porte sur l'accession de Marx à une science de l'histoire.

Avec Lévi-Strauss, la volonté de constituer une réflexion scientifique s'affirme, mais l'histoire reste en dehors.

• NOM : *CLAUDE LÉVI-STRAUSS*

• LIEUX ET MILIEUX

Le 16e arrondissement de Paris, les forêts équatoriales du Mato Grosso, New York pendant la Seconde Guerre mondiale sont quelques-uns des lieux où se joue le parcours d'une des œuvres majeures du XXe siècle.

• 12 DATES

1908 Naissance à Bruxelles dans une famille d'artistes.
1931 Agrégation de philosophie.
1938 Missions en Amazonie.
1941 Révoqué de l'enseignement par les lois antijuives de Vichy, s'exile à New York.
1948 Publie *Les Structures élémentaires de la parenté.*
1951 Publie *Race et Histoire.*
1955 Publie *Tristes Tropiques.*
1959 Élu au Collège de France.
1962 Publie *La Pensée sauvage.*
1993 Publie *Regarder, écouter, lire.*
2008 Exposition et multiples hommages à l'occasion de son centenaire.
2009 Meurt à Paris le 30 octobre.

• SA CONCEPTION DE LA VÉRITÉ

La vérité, pour Lévi-Strauss :
n'est jamais directement donnée,
réside dans les structures qui expliquent les transformations,
est reconstituable par un travail méthodique de comparaison.

• UNE PHRASE-CLÉ

« Chaque progrès donne un nouvel espoir, suspendu à la solution d'une nouvelle difficulté. Le dossier n'est jamais clos. »

• SA PLACE DANS LA PENSÉE CONTEMPORAINE

Capitale, car son œuvre ne se limite pas à un renouvellement décisif des recherches en anthropologie mais ouvre des perspectives multiples aux réflexions philosophiques sur le fonctionnement de l'esprit, la diversité humaine, les relations des hommes à la nature et des hommes entre eux.

Chapitre 15

Où Claude Lévi-Strauss fait éclater l'idée d'une vérité humaine unique

Le progrès, tel qu'on l'imaginait au XIXe siècle, Claude Lévi-Strauss n'y croit plus. Car il existe à ses yeux une multiplicité de critères pour juger des sociétés humaines et de leurs réussites. Notre erreur, c'est d'avoir voulu appliquer les normes de l'Occident scientifique et industriel au monde entier. Alors qu'il faudrait considérer plusieurs types de normes, plusieurs projets humains – pas plus ni moins légitimes les uns que les autres.

Ce que met au jour son anthropologie, ce sont les écarts, les différences irréductibles qui rendent le monde pluriel. Il n'existe, de l'humain, aucune vérité unique. Voilà sans doute la leçon principale. Elle semble modeste, mais elle a l'avantage immense de libérer la pensée de tout modèle dominateur.

Mine de rien, Claude Lévi-Strauss aura bouleversé les cartes mentales, en traversant les disciplines. Venu de la philosophie, il embarque chez les anthropologues, mais emprunte ses outils aux linguistes. Enfant de l'Europe, il récolte au Brésil sa première moisson, et forge sa méthode aux États-Unis. Jamais il n'accepte d'être contraint par les limites géographiques ni par les frontières des savoirs.

Il déteste plus que tout l'arrogance de ceux qui se croient civilisés et proclament que les autres ne le sont pas, ou moins qu'eux-mêmes. Pour l'anthropologue, sa discipline est un humanisme : « En cherchant son inspiration au sein des sociétés les plus humbles et longtemps méprisées, elle proclame que rien d'humain ne saurait être étranger à l'homme ». Mais cet humanisme n'est plus celui des Grecs et des Romains, celui de la Renaissance et de l'Occident. C'est « un humanisme démocratique qui dépasse ceux qui le précédèrent : créés pour des privilégiés, à partir de civilisations privilégiées ». Ce regard ouvert et multipolaire englobe aussi la nature. Interdisciplinaire, écologique, subversive et savante, l'anthropologie « appelle à la réconciliation de l'homme et de la nature dans un humanisme généralisé ». Voilà comment ce penseur a transformé les manières de penser l'humain.

Avec patience et méthode. Car il a su transformer sa révolte intellectuelle en travail de fond, animé par une volonté de comprendre que rien ne désarme. Paradoxalement, c'est ce désir de savoir qui lui fait abandonner la philosophie. Normalien, agrégé, jeune professeur au lycée de Mont-de-Marsan, puis à Laon, il trouve que la philosophie n'offre rien d'assez positif pour le satisfaire durablement. Aux dissertations, il va préférer les méthodes minutieuses et s'orienter vers la pensée scientifique.

Pas de peuple enfant

Mais ce travail savant porte sur le monde humain. Celui où nous vivons, où nous sommes tous soumis à des contraintes éducatives, des règles de parenté, de syntaxe, de cuisine ou de construction des récits. De cet univers des normes et des symboles, Claude Lévi-Strauss a révélé des aspects inaperçus avant lui. Ce qu'il met au jour – avec plus d'acuité que bien des philosophes –, ce sont des vérités de l'humain. En ce sens, il enrichit la réflexion de perspectives nouvelles sur les lois de l'esprit, en soulignant notamment comment des cultures dissemblables utilisent identiquement la raison.

Car la pensée que l'on dit « sauvage » n'est pas moins subtile, ni moins élaborée, ni moins intelligente que la pensée scientifique. Voilà un des résultats majeurs de cet immense chantier. Disparaît le mythe des « primitifs » inventé par le regard des conquérants. Fini la mentalité fruste, prélogique et risible, que la condescendance des « civilisés » avait attribuée aux peuples sans écriture. Pour la philosophie, c'est aussi une importante leçon : il n'y a pas de peuple enfant, pas plus que de devenir-adulte de l'humanité toute entière.

On doit encore à Lévi-Strauss d'avoir renouvelé l'approche des relations entre concret et abstrait : un panier, un masque, une parure ne sont plus, avec lui, choses muettes et négligeables. Comparés à d'autres, insérés dans un ensemble, éclairés par le jeu des ressemblances et différences, reliés aux histoires qu'on raconte à leur propos, ces objets se mettent à parler. Ils se révèlent porteurs de sens. Éléments de discours, vecteurs d'intelligence, et non matière inerte. Du coup, la vieille coupure entre sensible et intelligible – monde des choses, monde des idées – se trouve non seulement retravaillée et mise en cause, mais, en un sens, contournée. C'était pourtant, depuis Platon, un axe fondateur de la philosophie occidentale. L'impact de Lévi-Strauss, là aussi, est décisif.

D'autant plus que cette antique ligne de partage entre intelligible et sensible instaure la démarcation des sciences et des arts : d'un côté idées et raisonnements, de l'autre sensations et émotions. Modifiant ce clivage, Lévi-Strauss finira par transformer en profondeur l'approche de la création. Son apport à l'esthétique, de ce point de vue, n'a sans doute pas encore été estimé à sa pleine valeur. Pourtant, son parcours tout entier met en œuvre ce décalage de la frontière.

Car ce scientifique est artiste, ce savant écrivain, ce penseur styliste. Non pas en deux moments distincts, reflétant deux activités séparées ou deux visages. C'est au contraire d'un seul et même geste, d'une démarche unique qu'il mêle, en des combinaisons singulières, parfois déconcertantes, la pureté classique de la langue et la nouveauté des analyses, la rigueur des démonstrations et la puissance des métaphores.

Un savant dans le siècle

« Ma carrière s'est jouée un dimanche de l'automne 1934, à 9 heures du matin, sur un coup de téléphone », écrit Lévi-Strauss au début du chapitre V de *Tristes Tropiques*. L'homme au bout du fil : Célestin Bouglé, qui dirige alors l'École normale supérieure et n'a pour Lévi-Strauss qu'une « bienveillance un peu lointaine et réticente ». Ce qui ne l'empêche pas de lui proposer de devenir professeur de sociologie à São Paulo. « Ma pensée échappait à cette sudation en vase clos à quoi la pratique de la réflexion philosophique la réduisait. »

Alors commence vraiment l'aventure. Physique, d'abord. Car en dehors des cours, le jeune ethnologue, en compagnie de sa première femme, Dina Dreyfus – philosophe et ethnologue, elle aussi –, conduit plusieurs missions en Amazonie et une importante expédition dans le Mato Grosso. C'est le temps des marches interminables à côté des mulets et des chars à bœufs, dans la chaleur moite et les insectes. C'est aussi un temps d'aventure psychique, de désappropriation de soi, de devenir-autre. Ce n'est pas par hasard que Lévi-Strauss, peu porté aux effusions spirituelles, parlera plus tard de la nécessaire « conversion » de l'ethnologue. L'observation des autres implique le décentrement de soi.

Au cours de ces années de terrain – les seules de tout son parcours – Lévi-Strauss accumule notes, observations, remarques de toutes sortes. Toutefois, de tout ce qu'il voit et note, il ne sait pas encore exactement quoi penser. Certes, il sait déjà que « la vérité d'une situation ne se trouve pas dans son observation journalière ». Certains alambics essentiels lui font pourtant encore défaut. C'est à New York, pendant les années de guerre, qu'il va les découvrir.

Révoqué de l'enseignement par les lois antijuives de Vichy, il quitte la France en 1941 pour se réfugier à New York, rallie la France libre en 1942 et devient notamment speaker à l'Office of War Information avant d'enseigner à la New School for Social Research. Il s'appelle alors, pour ses étudiants, Claude L. Strauss. On le lui a vivement conseillé – pour éviter l'homonymie avec la marque de blue-jeans…

Ces années new-yorkaises sont décisives. Il y fréquente André Breton, qu'il a connu sur la bateau partant de Marseille pour les États-Unis, mais aussi Marcel Duchamp, Max Ernst. Surtout, il découvre la méthode structurale et commence à saisir qu'elle peut métamorphoser le champ d'étude de l'anthropologie. C'est Roman Jakobson qui le guide vers les principes de la phonologie structurale, qu'il tient lui-même de son maître, le « Prince Troubetzkoy » (Jakobson disait toujours ainsi). « Pour moi, dira Lévi-Strauss, ce fut une illumination. »

La méthode structurale

Pour en saisir la portée, il est nécessaire de rappeler ce que veut dire « structure » dans ce contexte. Depuis toujours, le terme est utilisé en architecture pour désigner l'ossature des bâtiments et leur organisation. D'où l'idée, banale, d'une interdépendance entre des éléments – qui peuvent par ailleurs être diversement répartis, reliés et hiérarchisés. C'est en ce sens que l'on parlait de « structures sociales », bien avant la méthode structurale et le structuralisme.

Pour comprendre les principes du structuralisme, il faut rappeler comment Troubetzkoy, fondateur de l'étude structurale des sons de la langue (les phonèmes), montre que ces sons doivent être étudiés ensemble, comme un système, et non un par un. Par lui-même, chaque son considéré isolément est dénué de sens (« d » ou « t » ne veulent rien dire).

Les sons d'une langue fonctionnent comme des éléments de différenciation réciproque : « d » ne se confond pas avec « t », et réciproquement. Dans ce système, seules certaines différences sont pertinentes. Par exemple, pour un francophone, entre « dette » et « dot », il n'y aura pas de confusion possible. Mais si l'on prononce le premier mot « dét' », « dèt » ou « daîte », la signification ne changera pas. En revanche, dans d'autres langues que le français, certaines de ces différences peuvent distinguer des termes.

La découverte, c'est qu'il est possible de construire un système de classification des sons d'une langue donnée, les phonèmes qu'elle utilise, en réduisant les principes d'organisation à la combinaison de quelques traits sonores (consonnes dentales, labiales, etc.). Voilà donc, schématiquement, en quoi consiste une structure : c'est un modèle construit sur mesure pour rendre compte de l'organisation sous-jacente des phénomènes observés, alors que cette organisation, qui agit effectivement, n'est pas connue.

Chacun parle sa langue maternelle, utilise pertinemment le système des différences des sons propre à cette langue sans en avoir conscience. Ce que la phonologie structurale fait comprendre à Lévi-Strauss, c'est qu'il est possible, dans le domaine des sciences de l'homme, de concevoir un modèle abstrait collant exactement à la réalité, permettant d'en éclairer la diversité et les relations, bien que ce modèle n'apparaisse jamais directement dans le champ de l'observation, ni dans la conscience des individus.

Les sciences dures étaient coutumières du fait. Ainsi, la classification périodique des éléments rend compte des différences entre les compositions atomiques, alors que personne ne les voit dans la nature. Et aucun savant n'avait conscience de son existence avant qu'on ne la découvre. Désormais, dans ce cheminement vers la construction d'un modèle rendant le sensible intelligible, les sciences exactes ne sont plus seules. Grâce à la méthode structurale le champ des affaires humaines semble commencer à devenir modélisable. Telle est la conviction de Claude Lévi-Strauss.

De la science à la littérature

1945-1955 est sans doute la période la plus compliquée de ses longues années d'apprentissage. Sur le versant scientifique, les jalons sont posés, les premiers outils acquis. Sur la scène publique, *Race et Histoire,* en 1952, le fait remarquer par sa critique de la suprématie occidentale. Il lui reste à tenter le jeu de la littérature, histoire d'aggraver son cas. Quand Jean Malaurie, qui inaugure chez Plon la collection « Terre humaine », lui propose de faire le récit de ses voyages d'avant-guerre, Lévi-Strauss accepte et rédige en quatre mois un chef-d'œuvre, *Tristes Tropiques,* qui va connaître un immense succès.

C'est un essai flamboyant, inclassable et superbe, dont le charme ne s'estompe pas et laisse le lecteur émerveillé. Les ventes furent exceptionnelles et ce livre fit connaître au grand public le nom de Claude Lévi-Strauss. En apparence, le texte décrit la naissance d'une vocation et trois voyages : au Brésil, chez les Bororo (1935-1936), puis chez les Nambikwara (1938) et en Inde et au Pakistan (1950). Ce journal de voyage s'ouvre par un coup d'éclat désormais fameux : « Je hais les voyages et les explorateurs. » Il se poursuit par une série de méditations sur le savoir, les désastres de la planète, la destruction de la diversité humaine. Lévi-Strauss est soucieux d'écologie bien avant que l'actualité ne se saisisse du mot.

Pas vraiment scientifique, ni explicitement philosophique, ni simplement littéraire, et cependant tout cela à la fois, ce diable de livre porte avant tout sur le malaise de la modernité. Au premier plan de sa réflexion : la mort de l'exotisme et de la diversité, la fin de ces voyages qui existaient autrefois, au temps où il y avait des « autres ». Mais sur cette trame se déploient tant de réflexions, remarques ou digressions qu'il est difficile de classer *Tristes Tropiques* dans un des genres habituels. Serait-ce une « autobiographie intellectuelle » ? Une réflexion sur le savoir des anthropologues, sa curieuse densité et sa vaine ambition ? Un divertissement savant sur la pluralité des mondes humains, leur égale dignité, mais leur inégale puissance de destruction ? Une dénonciation de notre suffisance ? Un constat d'échec de la civilisation ?

En combinant toutes ces dimensions, Lévi-Strauss a inventé un objet pensant non identifié, soutenu en permanence par un style éblouissant, tour à tour sec et ample, sobre et généreux, nerveux et large. Comment dire, par exemple, que le village bororo, de feuillages noués et tressés, entretient avec les corps de tout autres relations que nos villes ? « La nudité des habitants semble protégée par le velours herbu des parois et la frange des palmes : ils se glissent hors de leurs demeures comme ils dévêtiraient de géants peignoirs d'autruche. »

Il n'est pas étonnant que l'on ait vu, cette année-là, le jury du prix Goncourt publier un communiqué exprimant ses regrets de ne pouvoir couronner un essai… De ce feu d'artifice, presque rien n'est terni. Lévi-Strauss parle des rêves de grandeur de la France, de l'incompréhension tenace de notre société envers les réalités du monde qui l'entoure. Il diagnostique le déclin du monde humain, l'annulation accélérée des différences, la pente menant vers l'indifférenciation, dénonce le saccage sans remède des équilibres naturels par l'avidité stupide d'une espèce peu raisonnable. Tout cela, plus de cinquante ans après, est plus actuel qu'à l'époque.

Par certains côtés, ce classique contemporain demeure malgré tout un inconnu célèbre. Des pages de *Tristes Tropiques* figurent dans d'innombrables manuels de philosophie ou de littérature. Certaines séquences, comme « la leçon d'écriture », sont devenus des fragments d'anthologie. Pourtant, les remarques les plus abruptes sont souvent oubliées, notamment celle-ci, dans les dernières pages : « Le monde a commencé sans l'homme et il s'achèvera sans lui. » Lévi-Strauss esquisse là une des conceptions de l'histoire et de l'humain des plus désenchantées. Pourtant, il refuse une attitude intégralement nihiliste.

Après la publication d'*Anthropologie structurale* (1958), recueil d'études qui confirme son envergure scientifique, Lévi-Strauss est élu au Collège de France. Il va maintenant suivre, sans discontinuité, sa propre voie. S'ouvre devant lui le temps de l'œuvre, ponctué de chantiers monumentaux (les quatre volumes des *Mythologiques*, et les trois livres qui les prolongent), du travail quotidien au Laboratoire d'anthropologie sociale qu'il a fondé en 1960, de la direction de la revue *L'Homme*, créée l'année suivante, de l'élection à l'Académie française en 1973.

Quelles leçons ?

La première leçon de cette œuvre est de méthode : aucun élément jamais n'est compréhensible isolément. C'est vrai des règles de parenté, mais aussi des mythes, des totems, des masques. Chaque fois qu'il ouvre une enquête, Lévi-Strauss s'emploie à étudier un ensemble. Au premier regard, règnent le chaos, les disparités infinies, les dissemblances inconciliables. L'ordre caché, sous-jacent, se construit donc à mesure des progrès de l'observation, à partir de l'inventaire patient des différences, des écarts, des renversements qui deviennent discernables dans la multitude des données concrètes.

Aucun schéma prédéfini n'est plaqué sur la diversité du réel. Les structures ne sont pas imposées du dehors, elles sont découvertes et construites, peu à peu, à partir des faits observés. Par exemple : comment mettre en relation, groupe par groupe, 813 mythes amérindiens ? En cessant de s'occuper de ce qu'ils disent, en écartant le détail spécifique des histoires, pour s'intéresser seulement à l'armature logique de la narration, aux relations entre les unités constitutives des récits. Ce sont moins les histoires qui comptent que les relations des séries d'éléments les unes avec les autres.

La pensée que véhiculent les mythes considérés ensemble est distincte de ce que chacun d'eux raconte comme histoire particulière. Et chaque groupe de mythes, à son tour, n'a pas de signification considéré seul : il doit être mis en relation et comparé à d'autres groupes de mythes. On se trouve donc face à une multiplicité de niveaux qui prennent sens seulement à partir de leurs relations et de leurs transformations. Résultat troublant, car cet immense réseau de permutations et de renvois n'est évidemment organisé par personne, ni même connu d'aucun de ceux qui transmettent les mythes. D'où l'idée que les mythes se pensent les uns les autres, indépendamment des individus qui les récitent ou les modifient.

Entre la froideur apparente des analyses structurales et la luxuriance charnelle des mythes, le contraste est aussi à interroger. D'un côté, vastes tableaux de transformation, grilles d'analyse sophistiquées, dispositifs formels hautement intellectualisés. De l'autre côté, corps qui se métamorphosent, excréments de toutes sortes, unions sexuelles fantastiques. Ici, on sert à dîner du sperme desséché à des jeunes filles. Là, on offre à des sœurs du sang cuit. Ailleurs, on aperçoit la vulve rouge de l'héroïne quand elle trébuche, tandis quc dans tel autre récit cette vulve est blanche. Un héros urine, une goutte tombe dans la bouche d'une vierge et l'engrosse. Ailleurs, on pète au visage du héros. Il est mille fois question du rapprochement des sexes, de l'engendrement du vivant, de la sortie du ventre maternel. Face à ces rêves de chairs, les structures ont l'air d'abstraites épures. C'est en partie un malentendu.

Il existe, à l'évidence, un écart irréductible entre les mythes et leur analyse, entre ces fantasmagories et cette étude rationnelle et minutieuse dont ils font l'objet. Mais il ne faudrait pas oublier que cette mathématique de l'imaginaire est construite uniquement pour mieux saisir la puissance et la portée de ces rêveries collectives. En fait, l'opposition simpliste entre réalité bigarrée et abstractions théoriques est ici sans pertinence. Si on croit passer à côté de la chair du monde en s'occupant des structures, on n'aura rien compris.

Car c'est exactement l'inverse. C'est en s'immergeant dans le concret, dans les détails – colorés, scatologiques ou microscopiques –, qu'il devient possible d'élaborer l'organisation structurale qui permet de mieux les voir, d'en saisir pertinence et profondeur, singularité et constellation. De ce point de vue, le chemin de l'anthropologue va en quelque sorte du sensible au sensible par le détour de l'intelligible.

Peut-être est-ce sur cette voie que l'on peut trouver la clé principale de sa démarche. Elle consiste à refuser les clivages habituels, les « ou bien, ou bien » trop simples – trop évidents, trop vite admis – qui empêchent de voir la diversité du monde. Objets et idées ne forment pas deux mondes. Imagination et réflexion non plus. Pas plus qu'émotion et logique. Ou bien histoire et structure, ou encore primitifs et Occidentaux. Penser la diversité, c'est parvenir à distribuer les places respectives de ces éléments – sans annuler leurs différences ou leur écart, sans en privilégier indûment un seul. Si l'on gardait en tête cette exigence, on verrait que la plupart des querelles que l'on a cherchées à Lévi-Strauss tournent au malentendu ou au mauvais procès.

Par exemple, la querelle structure contre histoire. Certains, dont Sartre, ont cru discerner un antagonisme irréductible entre la fixité souterraine des structures et le surgissement des événements dans la réalité historique. Pour surmonter ce dilemme, Sartre imagine, dans la *Critique de la raison dialectique*, que les acteurs de l'histoire se réapproprient, comme pour les transcender, les contraintes structurelles qui pèsent sur eux. C'est faire la part trop belle à la volonté et à la conscience, comme Lévi-Strauss le soulignera, non sans ironie, dans *La Pensée sauvage*.

En fait, il ne s'agit nullement de nier l'histoire ou de privilégier d'immuables structures réduisant les événements historiques à l'état de rides à la surface. Lévi-Strauss tient au contraire à préserver une double diversité. D'abord celle des sociétés qui se veulent immobiles par rapport à celles qui se rêvent toujours neuves, car il y a moins des sociétés « froides », et d'autres « chaudes », que des représentations collectives opposées. Les peuples premiers souhaitent que demain soit comme hier, que l'ordre établi soit indéfiniment durable. Les sociétés industrielles veulent un avenir toujours dissemblable du passé, et valorisent l'innovation, le changement, voire la rupture.

En fin de compte, si Claude Lévi-Strauss demeure un explorateur de l'humain, ce n'est pas pour avoir parcouru le Mato Grosso, campé à la dure ou visité le Japon. Ce n'est pas non plus pour avoir parlé, mieux que personne, des mariages, des totems, des mythes ou des masques. Ni pour avoir conjugué, de la plus rare façon, les rigueurs du travail théorique et les élégances du style. C'est pour avoir mis au jour, avec une netteté tenace, les mécanismes symboliques essentiels, inaperçus jusqu'à lui, dont sont tissés les vies, les récits, les créations et les émotions des êtres humains.

De Lévi-Strauss, que lire en premier ?

Race et Histoire (Gallimard, « Folio », 1987).

Et ensuite ?

Tristes Tropiques (Plon, 2002), *La Pensée sauvage* (Pocket, 1990).

Un volume d'*Œuvres* est paru dans la « Bibliothèque de la Pléiade » (Gallimard) en 2008.

Sur Lévi-Strauss, que lire pour aller plus loin ?

Claude Lévi-Strauss, de Catherine Clément (PUF, « Que sais-je ? », 2010).

Claude Lévi-Strauss, l'homme au regard éloigné, de Vincent Debaene et Frédéric Keck (Gallimard, « Découvertes », 2009).

Claude Lévi-Strauss, le passeur de sens, de Marcel Hénaff, Perrin (Tempus, 2008).

Sixième partie

QUAND L'HOMME SEMBLE S'EFFACER

Une crise multiforme traverse tout le XXe siècle : celle de la représentation de l'humain. La conception classique, issue de la Renaissance et des Lumières, se révèle caduque. Les guerres ont raison des espérances fondées sur l'humanisme. Ce n'est pas un hasard si le mouvement Dada, puis les surréalistes, pratiquent le non-sens, la dérision intégrale, la déstructuration du langage et des œuvres. Beaucoup ont le sentiment que tout ce qui donnait sens au monde se désagrège, à mesure que s'impose une omniprésente inhumanité.

Comme un fil rouge, l'interrogation sur l'humanisme parcourt les pensées majeures. Très schématiquement, on pourrait distinguer deux camps. Dans l'un se trouvent tous ceux qui veulent en finir avec les conceptions anciennes, en les tenant pour responsables de la crise moderne. C'est notamment le cas de Heidegger, dont *La Lettre sur l'humanisme*, adressée en 1947 à Jean Beaufret, constitue une attaque virulente du rationalisme et des pensées du sujet. Un antihumanisme très vif anime également les penseurs structuralistes, qui voient dans la souveraineté du sujet un tissu d'erreurs et d'illusions.

Dans l'autre camp, ceux qui veulent restaurer l'humanisme, le rénover ou le préserver, ou en construire un nouveau. C'est le cas de Bergson, au temps où il se consacre au Bureau de coopération intellectuelle internationale de la Société des nations, et de Paul Valéry à sa suite. La question de savoir sur quelles bases élaborer un ensemble de valeurs pour temps de détresse et de mécanisation ne cesse alors d'être posée.

D'une certaine manière, c'est dans ce paysage de crise des conceptions de l'humain que s'inscrivent les trois maîtres à penser que l'on va évoquer à présent. Si dissemblables qu'ils soient, ils ont en commun de penser à partir de cette crise. C'est sur le fond de ces conflits que s'inscrivent leurs œuvres.

Gilles Deleuze, grand lecteur de Nietzsche, aurait pu faire sienne sa formule : « L'homme doit être dépassé. » Un des axes de son œuvre est de tenter continûment de penser plus loin, ailleurs, et autrement que la conception de l'homme héritée de l'Âge classique. C'est dans cette perspective qu'il convient de comprendre notamment ses analyses des « machines désirantes », du « devenir-animal » ou du rhizome.

Michel Foucault, après la « mort de Dieu » affirmée par Nietzsche, annonce dans *Les Mots et les Choses* (1965) une « mort de l'homme ». La formule a suscité bien des malentendus. Elle ne signifie évidemment pas que l'espèce humaine va disparaître, mais qu'une certaine représentation de l'homme – comme centre de référence, objet de savoir, principe d'explication – est évacuée par les sciences humaines. Malgré leur nom, celles-ci ne se préoccupent pas de l'homme, mais par exemple du langage, du travail ou des pulsions.

Emmanuel Levinas ne s'inscrit pas dans le même espace. Tout en connaissant les limites et lacunes de l'humanisme, il espère pouvoir le refonder, le transformer en un « humanisme de l'autre homme », pour reprendre le titre d'un de ses livres majeurs. Après la Shoah et le triomphe de l'inhumain, il s'agit de mettre en lumière l'évidence immédiate du respect de l'autre, le souci de l'étranger, la préséance accordée à autrui – tout ce que le nazisme s'est efforcé de nier.

• NOM : *GILLES DELEUZE*

• LIEUX ET MILIEUX

Solitaire dans l'université française, le philosophe a rencontré une audience importante chez nombre d'artistes et de créateurs dans la dernière partie de sa vie.

• 7 DATES

1925 Naissance à Paris.

1944-48 Études de philosophie à Paris.

1969 Publie *Différence et répétition* et *Logique du sens.*

1969-1987 Enseigne à l'Université expérimentale de Paris VII (à Vincennes, puis à Saint-Denis).

1972 Publie, en collaboration avec Félix Guattari, *L'Anti-Œdipe. Capitalisme et schizophrénie.*

1983-85 Publie *L'Image-mouvement,* puis *L'Image-temps,* deux livres sur la philosophie du cinéma.

1995 Se suicide à Paris le 4 novembre.

• SA CONCEPTION DE LA VÉRITÉ

La vérité, pour Gilles Deleuze :

est question d'intensité et d'affect plutôt que de pure logique,

s'inscrit dans des luttes,

se développe par hybridation et métissage.

• UNE PHRASE-CLÉ

« Nous sommes des déserts, mais peuplés de tribus, de faunes et de flores. »

• SA PLACE DANS LA PENSÉE CONTEMPORAINE

A part, dans la mesure où sa pensée ne s'inscrit dans aucune école déjà existante et ne cesse de créer de nouveaux concepts. L'influence de sa démarche se maintient en profondeur, et pourrait s'accroître dans les temps à venir.

Chapitre 16

Où Gilles Deleuze invente le « devenir-animal » et les joies de la vitesse

Deleuze ne cesse de se réclamer de la joie et de la vitesse, de les expérimenter, de les penser ensemble, et l'une par l'autre. Qu'est-ce que cela signifie ? Pour l'apercevoir, il faut commencer par ne pas confondre joie avec facilité ni avec euphorie. La joie, précise Deleuze, peut aussi provenir, en certaines circonstances, de ce qui est horrible, terrifiant ou mortel. Éviter, d'autre part, de mélanger vitesse et rapidité. Ses vitesses à lui concernent des intensités, des évolutions, et non pas la hâte ou l'approximation. Frayer des joies nouvelles, accompagner leur devenir, combattre ce qui les entrave, respecter leur vitesse propre, voilà le travail de celui qu'on nomme « philosophe », selon Deleuze. Ce vieux nom, du coup, ne peut pas désigner seulement un professeur qui enseigne l'histoire des doctrines.

Tel est pourtant, en apparence du moins, le travail de Gilles Deleuze. Professeur, il ne cesse pas de l'être, mises à part quatre années passées au CNRS. Il enseigne successivement au lycée, à la Sorbonne, à l'université de Lyon, puis à celle de Vincennes, qui se retrouve finalement à Saint-Denis. Ses cours sont de plus en plus « atypiques », comme on dit quand on ne sait pas quel adjectif convient. Sa manière d'aborder les philosophes n'a d'ailleurs jamais été orthodoxe. Tout en parlant de l'empirisme de Hume, de l'éthique de Spinoza, du système de Kant ou de la démarche de Nietzsche, Deleuze trace sa propre trajectoire de météore sans nom.

Il avoue en riant avoir fait « des enfants dans le dos » à tous ces respectables penseurs. Il subvertit en effet l'histoire de la philosophie, en tant que discipline restreinte, plus ou moins compassée. Pour expliquer une pensée, Deleuze en agence différemment les perspectives, bouleverse l'ordonnance habituelle, fait surgir une lumière neuve. On reconnaît les pensées, les systèmes. Tous les traits sont fidèles. Mais le visage est différent, inattendu, parfois déconcertant.

Il en est ainsi dès son premier livre, *Empirisme et subjectivité*, paru en 1953. Cette pensée de l'immanence, cette analyse des sensations combinées, ce démontage des agencements qui forment le sujet appartiennent bien à Hume. Mais ici, ils ne sont, malgré tout, qu'à Deleuze. Même stratagème avec Spinoza, avec Nietzsche. Deleuze les peint en frères qui lui ressemblent : ennemis des passions tristes, penseurs au corps chétif, fragile et malade, mais tout entier tendu et traversé par une grande santé affirmative.

Ce désir vivant est un autre nom de la joie : le philosophe combat ce qui l'entrave, l'empêche de déployer sa puissance. Les obstacles ? À ses yeux, ce sont la transcendance et la tristesse. La vitesse ne se sépare pas de cette joie : Deleuze s'empare des systèmes et les fait tournoyer, les accélère, les ralentit, les anime de mouvements inattendus. D'emblée, sa méthode de lecture, ses auteurs de prédilection ont installé Deleuze à côté de la filiation « normale » de la philosophie.

Il s'efforce par tous les moyens d'échapper à ce qui pèse lourdement sur les intellectuels des années 1950 et 1960 : Marx et le communisme, Heidegger et l'histoire de l'Être, Hegel et l'histoire tout court. Jamais il ne tombe dans la déploration de la « fin de la philosophie » ni dans l'illusion du progrès en marche.

Juste des idées

Cette singularité éclate avec les deux maîtres livres publiés en 1969. *Différence et répétition* est une thèse, de facture classique même si son contenu veut rompre avec tout ce qui a été pensé antérieurement, dans l'histoire de la métaphysique, à propos de l'identité et des événements. Avec *Logique du sens,* Deleuze largue les amarres de façon plus spectaculaire : la référence centrale aux stoïciens se combine avec les petites filles de Lewis Carroll, avec Klossowski, avec Joyce. Ces livres d'une haute difficulté ont plus de renommée que de vrais lecteurs. Leur vraie postérité est encore à venir.

La popularité vient à Deleuze avec deux livres cultes cosignés avec Félix Guattari : l'*Anti-Œdipe* (1972), *Mille Plateaux* (1980). Plutôt qu'une méchante critique de la psychanalyse, ou qu'une ixième attaque contre le capitalisme, ces livres sont à considérer, globalement, comme des manifestes de la positivité du désir. Ils font l'éloge de ses créations automatiques, de ses processus impersonnels, de ses multiplicités – hordes, meutes – et tentent d'embrasser du regard les grandes machines d'agencement du pouvoir politique à travers l'histoire. Leur dispositif consiste à multiplier, hors du domaine humain balisé, les processus générateurs de vérités.

Les partis pris politiques de Deleuze, systématiquement gauchistes, sont moins intéressants. Son soutien au terrorisme des Brigades rouges n'est pas à son honneur. On préfère retenir l'extraordinaire fécondité de ses inventions théoriques. *Qu'est-ce que la philosophie ?* demandait-il, avec Félix Guattari, en 1991. Réponse : création de concepts. Ces concepts découpent et distribuent la réalité différemment. Peu importe qu'on ne sache pas tout de suite ce que recouvrent « territorialisation » et « déterritorialisation », « molaire » et « moléculaire », « ligne de fuite », ou « pli ». « Pas d'idées justes, juste des idées » répond Deleuze, précisant aussi : « Il n'y a pas de ligne droite, ni dans les choses ni dans le langage. »

Il y a seulement des accidents, des incidentes, des singularités, des événements et des forces, que l'on rencontre, et avec lesquels on entre dans des combinaisons inédites. C'est en cela, aussi, que consiste cette joie deleuzienne qui repose sur un certain rapport au dehors. La force de Deleuze est en effet de montrer constamment, par mille chemins distincts, que le dehors permet de sécréter des joies. La philosophie, depuis Platon, a somme toute célébré, avant tout, les retrouvailles du « dedans » avec lui-même, sous la forme de la primauté toujours accordée au Même, à la conscience, à l'identité, au concept.

Chez Deleuze, au contraire, tout s'oriente vers le dehors. On songe aussitôt, à juste titre, aux dehors de la philosophie – sa pensée voyage effectivement dans la littérature, la peinture, la musique, le cinéma. Mais il faut songer aussi, et surtout, au dehors du langage, du pensable, du perceptible, au dehors du sens et de la conscience, au dehors de la raison. Mieux, ou pire : il faut encore ajouter les dehors de l'humain, les forces impersonnelles, les vies animales, sans oublier les morts.

Tous ces dehors, généralement, terrifient, asphyxient, tétanisent. Deleuze les indique, inlassablement, comme autant de ressources de mouvements inédits et de combinaisons nouvelles. « Il y a toujours une joie indescriptible qui jaillit des grands livres, même quand ils parlent de choses laides, désespérantes ou terrifiantes. » S'il n'y avait qu'une chose à retenir, ce serait donc que le dehors peut produire la joie, et que cette éventualité est affaire de vitesse adéquate. Reste à tenter une fois encore de comprendre ce que cela veut dire. Le plus simple est alors de se tourner vers les cours de Deleuze, les enregistrements de sa voix, la vie même.

Variations et fugues

Les cours de Deleuze sont une mine extraordinaire d'inventions et de points de vue. On y trouve toutes sortes d'aperçus impossibles dans les livres. Digressions, jeux de mots, gros mots, exemples. Ce que Deleuze enseigne, c'est qu'il faut avoir en tête, quand on lit les philosophes, des situations concrètes, des scènes de tous les jours. Pas de jargon. Pas de spéculations tournant à vide.

Au contraire, des cas précis, des gestes quotidiens : croiser des gens dans la rue, et les trouver sympathiques ou désagréables, sans les connaître, ou bien être dans une pièce noire, chercher ses lunettes. On trouve, au passage, de beaux développements sur les manières en usage chez les philosophes pour nommer les concepts (des mots courants détournés, des termes compliqués inventés, c'est selon).

Deleuze improvise des variations sur le « devenir-animal », les « machines désirantes », les « lignes de fuite », les images du cinéma et bien d'autres thèmes de ses livres. Mais le ton diffère. Car dans ces cours se forment des développements inattendus, des hésitations ou des rapprochements parlants. Deleuze en Socrate, en penseur vivant, en train de rire, de faire rire, de jouer. S'adressant à un public de jeunes qui n'ont jamais lu Spinoza ou Leibniz, et ne savent même pas de qui il s'agit, Deleuze décrète que cette ignorance n'a aucune importance. Il explique, résume, commente.

Savant qui parle aux rockers, aux dealers. Pratiquant ce qu'il avait appelé, à un moment, la « pop'philosophie ». Une certaine façon de mettre les idées en mouvement, de s'intéresser plus au tracé qu'au contenu, et plus au geste qu'aux objets. « Après tout, dit-il dans un cours sur Spinoza, un philosophe, ce n'est pas seulement quelqu'un qui invente des notions, il invente peut-être aussi des manières de percevoir. »

C'est pourquoi il n'est pas requis d'être philosophe pour lire Deleuze. Lui-même le confie dans l'un de ses cours : « Sûrement dans ma génération, en moyenne, on était beaucoup plus cultivé ou savant en philosophie, quand on en faisait, et en revanche on avait une espèce d'inculture très frappante dans d'autres domaines, en musique, en peinture, en cinéma. J'ai l'impression que pour beaucoup d'entre vous le rapport a changé, c'est-à-dire que vous ne savez absolument rien, rien en philosophie, ou plutôt que vous avez un maniement concret de choses comme une couleur, vous savez ce que c'est qu'un son ou ce que c'est qu'une image. »

Il dit tout cela en vitesse. Car c'est sa manière singulière d'exister, la vitesse. Ou plutôt l'accélération. Il existe en effet des régimes de vélocité uniformes et linéaires, qui n'ont rien à voir avec celui de Deleuze.

Lui se reconnaît entre tous à une modalité particulière d'accélération. Pas commode à décrire. Vibrante, variable en intensité et incessante en mouvement, elle s'empare des textes, des concepts, du lecteur pour les faire entrer, à leur tour, dans un mouvement imprévisible, et comme dépourvu de centre. Cette accélération a quelque chose d'un grand vent, elle est tout entière agitée mais elle n'a pas d'intérieur, rien ne l'enclot. On se souvient peut-être que le jeune Sartre écrivait, en commentant Husserl : « Si par impossible vous entriez "dans" une conscience vous seriez saisi par un tourbillon, et rejeté au-dehors, près de l'arbre, en pleine poussière. Car la conscience n'a pas de "dedans". » C'est une expérience analogue, à peu près, que connaît le lecteur d'un texte de Deleuze : on n'y entre pas, on y est pris comme dans un tourbillon et lancé sur de nouveaux circuits.

De l'importance de rire

Ne pas oublier l'humour de Deleuze. En 1972, en réponse à une question prétentieuse et alambiquée qu'on lui pose à Cerisy : « Si je comprends bien, vous dites qu'il y a de quoi me soupçonner du point de vue heideggérien. Je m'en réjouis. » Le rire est signe du passage au dehors, témoin de l'accélération la plus vive. « Ceux qui lisent Nietzsche sans rire, et sans rire beaucoup, sans rire souvent, et parfois de fou rire, c'est comme s'ils ne lisaient pas Nietzsche. »

Ailleurs : « Le rire-schizo ou la joie révolutionnaire, c'est ce qui sort des grands livres, au lieu des angoisses de notre petit narcissisme ou des terreurs de notre culpabilité. » Préférer au grand comique qu'engendrent les grandes pensées le rétrécissement des passions tristes et le mauvais pathos du drame, c'est pour Deleuze signe de veulerie.

Sous l'humour, l'inquiétude. Et le diagnostic lucide du monde qui se met en place. Par exemple : « Toutes sortes de catégories professionnelles vont être conviées à exercer des fonctions policières de plus en plus précises : professeurs, psychiatres, éducateurs en tous genres, etc. Il y a là quelque chose que vous annoncez depuis longtemps, et qu'on pensait ne pas pouvoir se produire : le renforcement de toutes les structures d'enfermement. » Deleuze s'exprime ainsi dans un entretien avec Michel Foucault. C'était le 4 mars 1972. Depuis…

On aura compris que l'accélération est une manière de voir le monde avec d'autres yeux. On appliquera donc à Deleuze, sans hésiter, ce qu'il dit de quelques génies. De Bergson : « Un grand philosophe est celui qui crée de nouveaux concepts : ces concepts à la fois dépassent les dualités de la pensée ordinaire et donnent aux choses une vérité nouvelle, une distribution nouvelle, un découpage extraordinaire. » De Sartre : « C'est le destin de cet auteur de faire passer de l'air pur quand il parle. »

Deleuze n'a pratiquement rien dit de lui-même. Sa manière de parler de soi était de commenter les autres. Le moi est inutile pour aller vite.

De Deleuze, que lire en premier ?

Spinoza. Philosophie pratique, Minuit, 2003.

Et ensuite ?

Pourparlers (recueil d'entretiens 1972-1990, Minuit, 2003), *Qu'est-ce que la philosophie ?* en collaboration avec

Félix Guattari (Minuit, 2005), *Dialogues avec Claire Parnet* (Champs-Flammarion, 2008).

Sur Deleuze, que lire pour aller plus loin ?

La Philosophie de Gilles Deleuze, de Jean-Clet Martin (Payot, 2005).

Gilles Deleuze. Approches et autres portraits, d'André Bernold, (Hermann, 2005).

Deleuze face à face, de Jean-Claude Dumoncel (M-Editer, 2009).

☞ *Avec Deleuze, des combinaisons nouvelles se dessinent, entre humain et animal, maladie et santé, raison et déraison.*

☞ *Avec Foucault, il s'agit de la naissance et de la mort, dans l'histoire européenne, de ces figures : l'homme, la maladie, la raison, la folie.*

• NOM : *MICHEL FOUCAULT*

• LIEUX ET MILIEUX

De la bourgeoisie de province aux universités de Californie, l'itinéraire atypique de Michel Foucault passe par la Suède et la Tunisie avant de rejoindre le Collège de France et les mouvements contestataires.

• 12 DATES

1926 Naissance à Poitiers.
1946 Entre à l'École normale supérieure.
1950 Adhère au Parti communiste (qu'il quitte en 1953).
1954-1959 Attaché culturel à Uppsala, en Suède.
1961 Publie *Folie et déraison. Histoire de la folie à l'Âge classique.*
1965 Professeur à l'université de Tunis.
1966 Publie *Les Mots et les choses.*
1970 Élu professeur au Collège de France.
1972 Coorganise le Comité d'Action des Prisonniers.
1975 Publie *Surveiller et Punir.*
1976 Entame la publication de l'*Histoire de la sexualité.*
1984 Meurt à Paris du sida.

• SA CONCEPTION DE LA VÉRITÉ

La vérité, pour Foucault :
dépend des systèmes de pensée,
exprime un rapport de forces,
produit des effets sur les corps et les comportements.

• UNE PHRASE-CLÉ

« L'homme est une invention dont l'archéologie de notre pensée montre aisément la date récente. Et peut-être la fin prochaine. »

• SA PLACE DANS LA PENSÉE CONTEMPORAINE

Très particulière, car son œuvre, à la frontière de l'histoire et de la philosophie, a des répercussions politiques aussi bien que théoriques qui ne sont pas considérées de la même manière des deux côtés de l'Atlantique.

Chapitre 17

Où Michel Foucault s'intéresse aux asiles, aux hôpitaux, aux casernes et aux prisons

Discontinue, telle semble au premier regard l'œuvre de Michel Foucault. Ses adversaires la jugent disparate, voire dispersée. Son trajet personnel peut donner la même impression : on y discerne une myriade de lieux et de centres d'intérêt plutôt qu'une belle totalité clairement organisée. Comparé à ceux qui ne creusent qu'un seul sillon, Foucault paraît désordonné. Sa course déconcerte : elle va de la folie pendant l'Âge classique à l'usage des plaisirs durant l'Antiquité, de la naissance des sciences humaines à celle des prisons, en passant par le regard médical ou les archives de la Bastille, sans compter les œuvres de Raymond Roussel ou de Manet, entre littérature et réflexion esthétique.

Cette impression de morcellement s'accentue si l'on constate qu'il n'existe pas chez lui de méthode uniforme et constante. Ses enquêtes successives obéissent à des règles distinctes, visent des objectifs différents. En outre, cet inventeur de concepts les crée à foison, les abandonne sans vergogne, pour en créer aussitôt de nouveaux. Enfin, le défricheur ne cesse d'établir des programmes de travail pour n'en remplir qu'une partie ou les modifier en cours de route. Face à tant d'éléments qui ne s'ajustent jamais parfaitement, on peut conclure qu'il s'agit d'une recherche vivante, toujours en devenir, s'inventant continûment – ou bien désespérer d'agripper l'unité introuvable de cette œuvre.

Foucault lui-même n'a cessé de revendiquer cet éclatement comme une exigence de liberté. S'il écrit, c'est pour préparer un « labyrinthe » où se dissimuler, cheminer sans être vu, surgir à l'endroit le plus improbable. « Ne me demandez pas qui je suis et ne me dites pas de rester le même », écrit-il au début de *L'Archéologie du savoir*. N'être pas repérable, fixé ni figé, pouvoir indéfiniment changer de perspective ou de tactique, voilà qui appartient à sa façon de lutter, de penser, de vivre.

Il se pourrait qu'un bon guide pour aborder la pensée de Michel Foucault soit l'idée même de rupture. Ce fil d'Ariane paradoxal se révèle pertinent dans la mesure où Foucault n'a cessé de rompre. Avec les références habituelles ou les perspectives convenues, avec ses œuvres antérieures ou ses propres intentions.

Du fou divin au malade mental

Au commencement de son parcours, vers 1955, Foucault rompt avec la France comme avec l'enseignement. Normalien, agrégé de philosophie, au lieu d'enseigner, il part en Suède comme attaché culturel à Uppsala. C'est là aussi qu'il commence à rompre avec le Parti communiste et avec le marxisme. De ce moment date surtout la rupture décisive qui le voit s'engager dans l'écriture de *Folie et déraison. Histoire de la folie à l'âge classique.* Le livre, présenté d'abord comme thèse, ne paraît qu'en 1962, mais Foucault dit déjà adieu, au milieu des années 1950 aux références universitairement correctes.

Sur la folie, en effet, on eût attendu d'un philosophe qu'il commentât Erasme, Descartes et quelques autres, bien en place dans la bibliothèque des œuvres légitimes. Voilà que Foucault se lance au contraire dans le dépouillement de volumes indignes : traités de sorcellerie, manuels de médecine, rapports de police, cours de psychiatrie, œuvres sans relief d'auteurs sans stature. Dans cette écume des bibliothèques, ces flots oubliés de propos obscurs, il ne cherche pas à reconstituer l'histoire des attitudes envers une déraison humaine supposée toujours identique à travers les âges.

Sa démarche rompt avec ce point de vue habituel et simpliste. Foucault étudie en effet le geste même du partage qui constitue d'un côté la raison et de l'autre son double effrayant. Au cours de cette investigation, il s'attache à faire voir comment se transforment radicalement les discours et les pratiques sociales : on disait au Moyen Âge le fou proche du divin, plus ou moins prophète, nécessairement errant, nomade receleur de secrets surhumains. On le nomme désormais dangereux, dérangé, malade, plus proche de la bête que de l'humain. On le dit à enfermer, à diagnostiquer, à soigner si possible.

Foucault opère donc, d'entrée de jeu, une série de ruptures dans le domaine des idées. Il rompt avec l'idée d'une folie toujours identique, qui ferait enfin l'objet, avec la psychiatrie, d'un savoir scientifique. Il montre que les objets étudiés sont au contraire produits en même temps que les savoirs et leurs classifications. Il rompt aussi avec la séparation des disciplines et des registres d'analyse : le discours sur l'enfermement nécessaire des fous et l'Hôpital général naissent ensemble, tout comme l'asile et la psychiatrie. Dispositifs de savoir et dispositifs de pouvoir sont deux faces d'un même processus. Ces deux faces renvoient l'une à l'autre et s'engendrent réciproquement. Leur histoire révèle les mêmes fractures, mutations et discontinuités. Voilà ce qui intéressera Foucault dans tous ses travaux : moments de bascule, seuils, lignes de partage. Il ne se contente pas d'opérer des ruptures. Il les étudie.

On pourrait même affirmer qu'il les traque, cherchant à les faire saillir là où, avant lui, on ne les avait guère aperçues. Ainsi, avec *Les Mots et les Choses*, en 1965, Foucault fait émerger de l'ombre et de l'oubli la fracture dans l'espace du savoir qui a fait naître les sciences humaines telles que le XIXe siècle les développe. Chemin faisant, il souligne combien la figure de l'homme, conçue comme principe central d'explication, est historique, donc temporaire, en train de s'estomper peut-être déjà.

La mort de l'homme

Cette « mort de l'homme » le rend célèbre, au prix de malentendus. Le livre connaît un succès extraordinaire, en dépit de sa difficulté. Foucault, lui, part enseigner en Tunisie. Il y restera jusqu'après Mai 68. Quand il revient en France, c'est pour enseigner à l'université expérimentale de Vincennes, haut lieu du gauchisme d'alors, avant d'être élu au Collège de France. Il s'éloigne alors de plus en plus de l'Université et surtout du modèle professoral habituel, rompant à sa manière avec les raideurs académiques comme avec ce qu'on peut appeler, au propre comme au figuré, les forces de l'ordre.

Décidément, c'est toujours sous le signe de la rupture que se poursuit sa trajectoire. En effet, *L'Archéologie du savoir* s'éloigne des méthodes et objets convenus de la recherche historique pour définir ce que sont les discours, leurs configurations, leurs basculements. *Surveiller et punir* prend ses distances avec la conception habituelle du pouvoir, émanant d'un centre unique, pour proposer l'idée de « micropouvoirs », locaux, polycentrés. En analysant la naissance de la société disciplinaire, le dressage des corps, le contrôle du temps et de l'espace (caserne, pensionnat, usines), Foucault rompt aussi, et cette fois de manière radicale, avec l'approche marxiste conventionnelle. Plus encore : alors qu'il est désormais installé, traduit dans le monde entier, écouté de toutes parts, Foucault va s'éloigner de ses champs de recherches précédents.

Avec l'*Histoire de la sexualité*, il entame un programme de grande envergure. Dans *La Volonté de savoir*, premier volume de cette vaste étude, il met en lumière le lien particulier qui s'est établi, en Occident, entre discours et sexe. C'est une rupture de plus avec ce qu'on croit communément. On pense en effet que les interdits dont la sexualité est entourée limitent son exercice. Foucault insiste au contraire sur l'aspect incitatif et productif de cette histoire. Nulle part on a tant parlé de sexe, tant consacré d'efforts, de réflexions, de temps aux techniques de l'aveu. L'Occident est parcouru par un souci, interminable et protéiforme, de discourir sur le sexe. Il s'agit d'en retracer la formation et les points de rupture.

Foucault abandonne pourtant cette gigantesque entreprise. Sous le même titre, quelques années plus tard, il entame en fait une investigation très différente. Dans l'Antiquité, chez les Grecs et les Romains, dans leur « souci de soi » et leur manière de régler « l'usage des plaisirs », Foucault reconstitue le modèle d'une manière d'exister et d'agir, de construire sa propre vie, qui diffère totalement des modèles du christianisme. C'est donc à l'intérieur même de la constitution de l'individu, de sa subjectivité, qu'il introduit finalement les ruptures de l'histoire. Peut-être n'a-t-on pas assez mesuré l'extraordinaire effort qu'exigeait, pour un philosophe-historien si longtemps familier des Temps modernes et de leurs diverses archives, la volonté de se faire helléniste, latiniste, antiquisant. Comme une dernière rupture.

À moins que ce ne soit seulement un moment dans un processus qui, en fait, ne s'arrête pas avec la mort de Michel Foucault en juin 1984. Le mouvement de ces ruptures en série continue. Les lecteurs en effet le prolongent, réinventant le geste, rompant à leur tour, comme Foucault l'avait d'ailleurs prévu et souhaité, avec le sens premier de tel ou tel de ses concepts. En France, on a commencé par exemple à prendre en compte différemment la dernière période de l'œuvre, à la lire comme le testament d'un moraliste. L'ampleur de sa démarche philosophique, qui s'inscrit dans le sillage de Nietzsche, est aussi mieux discernée. Aux États-Unis, au Japon, en Russie, les lecteurs de Foucault rompent à leur tour avec ce que furent ses intentions premières. Ils fabriquent à leur usage des Foucault nouveaux et singuliers.

On ne parlera pas de trahison. Au contraire, ces transformations lui sont fidèles. Car la volonté explicite de Foucault était de faire œuvre instrumentale. Chacun, à ses yeux, devait pouvoir se servir de son travail, en fonction de ses besoins, d'une manière inédite et imprévisible. L'auteur n'était pas pour lui dépositaire du sens officiel et unique de ses livres. Ce que Michel Foucault a enseigné de plus important, en fin de compte, est peut-être ceci : penser, écrire et lutter ne constituent qu'une seule et même rupture permanente.

De Diogène à nos jours

Dans ses derniers enseignements, Foucault court contre la mort. En 1984, ses conférences publiques du Collège de France n'ont pas commencé en janvier, comme d'habitude. « J'ai été malade, très malade », indique-t-il le 1er février en ouvrant son cours. Quand il clôt le cycle, fin mars, il a cette phrase : « il est trop tard ». En apparence, il signale juste que l'heure a tourné, qu'il faut renoncer aux développements préparés. Aujourd'hui, la formule sonne autrement. Ce sont les derniers mots adressés par le philosophe à son auditoire. Quelques semaines plus tard, il meurt du sida, à l'hôpital de la Salpêtrière, le 25 juin 1984. Il n'avait pas encore 58 ans.

A-t-il délibérément organisé ces ultimes conférences comme un testament ? On peut le supposer, sans en être certain. En tout cas, le texte est exceptionnel. Par sa clarté incisive, par l'ampleur et la précision de son information. Par sa capacité, si rare, à faire surgir des paysages nouveaux au sein des textes connus. Cette fois, la « vie philosophique », rêvée et pratiquée par les Anciens, apparaît comme une matrice – lointaine, mais toujours active – de la vie militante et du désir de révolution qui anime les Modernes. Pour éclairer le long parcours conduisant de la vie du philosophe antique, mise en ordre selon la vérité, à celle du révolutionnaire moderne, tendue vers la transformation de l'histoire, Foucault repart d'une notion grecque, déjà explorée l'année précédente : la *parrèsia*. Le terme désigne le franc-parler de l'ami, le dire-vrai du confident, par opposition à la flatterie de l'hypocrite ou du courtisan. La *parrèsia* implique le courage de tout dire, au risque de déplaire, voire de fâcher.

Cette franchise hardie, qui s'applique à la conduite de l'existence la plus intime, possède aussi une dimension politique essentielle : dire vrai sur soi-même, accepter aussi d'entendre ce qui n'est pas agréable, cela concerne aussi bien, pour les Grecs, le gouvernement de la communauté que celui de l'individu. Le sujet et la Cité se constituent en articulant de manière semblable exigence de vérité, pouvoir sur soi et pouvoir sur les autres.

Jusque-là, rien de vraiment neuf. En revanche, ce cours devient remarquable, et ses analyses virtuoses, quand Foucault braque le projecteur sur les philosophes cyniques. L'adjectif, dans l'Antiquité, n'a rien à voir avec son sens courant actuel. Dérivé de *kunos* (« chien », en grec ancien), il signifie « canin ». Les cyniques sont ceux qui – volontairement, exemplairement – vivent comme des chiens. Dormant à la dure, se dépouillant de tout artifice, mendiant leur pitance, ne respectant aucun usage civilisé, s'accouplant en public, invectivant les passants, ces philosophes ont fait scandale, plusieurs siècles durant.

Foucault s'intéresse à ce scandale, souvent négligé ou minimisé. Son intérêt ne tient pas simplement à sa fascination pour les « infâmes », provocateurs ou rebelles. Il discerne, dans la réprobation que suscitent les cyniques, les termes d'une énigme à résoudre. Pourquoi donc les voit-on d'un si mauvais œil, alors qu'ils prennent appui sur le tronc commun des ambitions philosophiques du monde antique ? Il faut insister sur la banalité de ce que veulent les cyniques, dont le fonds doctrinal ne brille aucunement par son originalité.

La vie autre

Au contraire, leurs objectifs sont des plus consensuels. Transformer son existence par la philosophie, s'occuper de soi pour y parvenir, délaisser en conséquence tout ce qui se révèle inutile, s'exercer à rendre sa vie conforme à ses pensées – tout le monde, en Grèce ou à Rome, s'accorde sur ces points. Que font donc les cyniques de si étrange, de si inacceptable, pour être rejetés dans l'opprobre tout en poursuivant des buts que tous les philosophes, en leur temps, partagent peu ou prou ?

Ils opèrent un passage à la limite. En poursuivant radicalement, jusqu'à son terme, le mouvement de la vie philosophique, ils en inversent le sens. Les cyniques montrent que la « vraie vie », la vie selon la vérité, n'existe qu'au prix du saccage de mœurs qui nous égarent. Voilà l'exploit qui crée scandale : faire entrer en conflit, aux yeux de tous, des principes unanimement partagés et leur mise en pratique. Avec les principes, nous sommes tous d'accord. Mais nous faisons l'inverse. Les cyniques exécutent, à la lettre, ce que nous approuvons – et c'est inacceptable. Sans rien changer aux buts habituels de la philosophie, ils font apparaître combien, pour les atteindre, il faut briser les règles et démonétiser les conventions sociales.

Dans l'histoire de l'Occident, c'est une mutation capitale. Du coup, en effet, la « vie philosophique », la « vraie vie » (droite, parfaite, souveraine, vertueuse) se trouve transformée en « vie autre » (pauvre, sale, laide, déshonorée, humiliée, animale). Foucault met en lumière les multiples aspects de cette torsion promise à une postérité immense. Même la fonction souveraine du philosophe se trouve radicalement métamorphosée, au point de devenir grimaçante. Le cynique est bien le seul vrai roi, qui n'a besoin de rien, ni de personne, pour manifester son pouvoir. Mais ce roi est dérisoire – nu, sale et laid.

Sa fonction suprême ? Exercer le franc-parler envers le genre humain tout entier. Ce chien aboie, attaque et mord. En guerre contre l'humanité dans son ensemble au nom du dire-vrai (la *parrèsia*), il se bat contre soi aussi bien que contre tous les autres. Ce clochard cosmique invente cette idée neuve : rejoindre la vraie vie implique le chambardement du monde, la rupture radicale avec ce qui existe. Missionnaire de la vérité, le héros cynique œuvre à l'avènement, à terme, d'un monde nouveau.

À partir de là, le programme à suivre se résumerait ainsi : étudier le passage de cet ascétisme cynique à l'ascétisme chrétien, suivre les continuités et les transformations de la « vraie vie » en « vie autre », du « vrai monde » en « autre monde » depuis le Moyen Âge chrétien jusqu'aux révolutionnaires et militants du XIXe siècle. Pour Foucault, il était effectivement trop tard pour mettre en œuvre un si vaste chantier.

De Foucault, que lire en premier ?

Surveiller et punir. Naissance de la prison (Gallimard, « Tel », 1993).

Et ensuite ?

Histoire de la folie à l'âge classique (Gallimard, « Tel », 1976), *Naissance de la clinique* (PUF, « Quadrige », 2009), *Le Courage de la vérité* (Seuil-Gallimard, « Hautes Études », 2009).

Sur Foucault, que lire pour aller plus loin ?

Michel Foucault. Entretiens, de Roger-Pol Droit (Odile Jacob, 2004).

Michel Foucault

Foucault. Sa pensée, sa personne, de Paul Veyne (Le Livre de poche, 2010).

Michel Foucault, de Frédéric Gros (PUF, « Que sais-je ? », 2010).

☜ *Avec Foucault, ce sont les représentations et les discours qui sont au premier plan quand il s'agit de parler de l'homme et de l'histoire.*

☞ *Avec Levinas, au contraire, l'analyse s'ancre d'abord dans la présence de l'autre, son existence physique, et la vision de son visage.*

• NOM : *EMMANUEL LEVINAS*

• LIEUX ET MILIEUX

De la Lituanie à Paris, en passant par la Russie et l'Allemagne, l'itinéraire intellectuel et humain d'Emmanuel Levinas traverse l'Europe et ses guerres.

• 10 DATES

1906 Naissance à Kovno, en Lituanie, dans une famille cultivée.
1914 La famille s'installe à Kharkov, en Russie, à cause de la guerre. Études au lycée russe.
1923-27 Études de philosophie à Strasbourg.
1928-29 Études à Fribourg auprès de Husserl et de Heidegger.
1930 Nationalité française. Travaille à l'École normale israélite orientale, dont il sera par la suite directeur.
1940-44 Prisonnier de guerre en Allemagne.
1961 Soutient sa thèse d'État, *Totalité et infini.*
1972 Publie *Difficile Liberté.*
1973-76 Professeur à la Sorbonne, après Poitiers et Nanterre.
1995 Mort à Paris, le 25 décembre.

• SA CONCEPTION DE LA VÉRITÉ

La vérité, pour Levinas :
est lié à la présence de l'autre,
ne dépend pas de ma seule volonté,
relie la loi et l'éthique.

• UNE PHRASE-CLÉ

« Reconnaître la nécessité d'une Loi, c'est reconnaître que l'humanité ne peut se sauver en niant sa condition, d'emblée, magiquement. »

• SA PLACE DANS LA PENSÉE CONTEMPORAINE

Unique, dans la mesure où Levinas pense ensemble l'héritage juif et l'héritage grec, la dimension de l'éthique et celle de la rationalité. Son influence, longtemps discrète, ne cesse de croître.

Chapitre 18

Où Emmanuel Levinas trouve dans l'autre homme la source de l'éthique

À propos de sa vie, Emmanuel Levinas écrit en 1963, dans *Difficile Liberté* : « Elle est dominée par le pressentiment et le souvenir de l'horreur nazie. » On peut en dire autant de sa pensée. Même si la Shoah y est rarement désignée de manière explicite, même si la plupart des livres du philosophe traitent, au premier regard, de questions fort abstraites, toute sa démarche est orientée par l'existence des massacres et l'apparent triomphe de l'inhumanité.

Son objectif central n'est pas de comprendre comment cela est devenu possible, ni d'élucider en quoi se singularise présicément cette barbarie nouvelle. Il consiste plutôt à restaurer la dimension de l'humain, à repenser le fondement de l'éthique. Alors que la figure de l'homme semble s'être effacée, son travail s'emploie à faire voir le visage de l'autre, et à faire de cette présence – et de cette préséance – ce qui nous rend humains en nous rendant moraux.

En soi, le destin d'Emmanuel Levinas est exceptionnel. Né aux confins de l'Europe, il a su intérioriser plusieurs langues, intégrer des horizons de pensée dissemblables, traverser des événements sans précédent tout en élaborant, à partir de ces expériences singulières, une pensée radicale et neuve. Vivant un siècle d'horreur, il a donné à l'éthique une place fondatrice, plaçant l'autre homme avant toute chose. Longtemps méconnue du public, son œuvre, qui a influencé Jean-Paul II ou Václav Havel, est devenue célèbre à la fin de sa vie. Elle est à présent étudiée dans le monde entier. Elle est loin, malgré tout, d'avoir livré tous ses sens.

Kovno, Strasbourg, Fribourg, Paris

Sa trajectoire commence à Kovno, en Lituanie, où se croisent les langues et les savoirs dans une communauté juive à l'histoire exceptionnelle, marquée par l'héritage du talmudiste Gaon de Vilna et du dialecticien Rabbi Haïm de Volozine. La famille est relativement aisée, les livres omniprésents (le père est libraire), l'observance de la loi religieuse « va de soi ». Le russe est langue maternelle, un maître d'hébreu fait lire la Torah, dès ses six ans, au petit Emmanuel. En 1914, l'avancée des troupes allemandes conduit la famille en Russie. Emmanuel entre au lycée de Karkhov, où cinq juifs seulement, en raison d'un *numerus clausus*, sont autorisés à étudier. Il découvre bientôt la révolution bolchevique, ainsi que Pouchkine, Lermontov, Tolstoï, Tourgueniev, Dostoïevski. À travers eux s'entrevoient les premières questions philosophiques.

Levinas les redécouvre sous un jour nouveau, à Strasbourg, en 1923. À l'université, il fait l'apprentissage du latin, entame ses études de philosophie, avec Maurice Pradines parmi ses professeurs. Il noue alors avec Maurice Blanchot une amitié qui dure toute sa vie. Bientôt, il s'émerveille de Bergson, puis de la phénoménologie et décide de partir à Fribourg, où ses maîtres sont Husserl puis Heidegger. Devenu français en 1930, il travaille à Paris à l'École normale israélite orientale, qui forme des instituteurs pour les centres de l'Alliance israélite du Moyen-Orient. Parallèlement, il poursuit son œuvre philosophique. Fait prisonnier durant la Deuxième Guerre mondiale, il survit, alors que sa famille est exterminée en Lituanie par les nazis.

C'est en 1961 seulement qu'il soutient sa thèse, *Totalité et Infini*. Il mène alors de front deux activités. D'un côté, le professeur poursuit une carrière universitaire : de Poitiers à Nanterre, puis à la Sorbonne, il est philosophe « professionnel », estimé et discret, auteur d'ouvrages de haute difficulté, dont la puissance et l'originalité ne sont d'abord perçues que par un cercle très restreint. D'un autre côté, dans le sillage de l'énigmatique Monsieur Chouchani, qui lui a enseigné la lecture talmudique, il élabore, en penseur « confessionnel », de multiples leçons, dans lesquelles il éclaire, avec une grande délicatesse et une extrême subtilité, les significations multiples de textes hébraïques, principalement empruntés au Talmud.

Discret, disponible, affable, attentif, obstiné, nullement dépourvu d'ironie ni d'humour, Levinas aurait pu être un professeur comme beaucoup d'autres, dont seuls quelques étudiants gardent vive mémoire. Mais, de son parcours semblable à d'autres, il a tiré une œuvre à nulle autre pareille. Cet homme est un génie, sa pensée constitue une exception. Il a su rendre à l'éthique sa puissance et sa radicalité au sein d'un siècle qui semble en marquer la complète disparition.

La présence de l'autre

Ce qui distingue, entre toutes, la philosophie de Levinas n'est pas compliqué à dire. Cette pensée est fondée sur l'expérience éthique bouleversante du corps d'autrui. L'essentiel se condense dans cette formule. L'éthique, selon Levinas, n'est pas affaire réflexive, mais expérience immédiate. Elle ne résulte pas d'un raisonnement, ne se déduit pas. Elle s'éprouve. Chacun se trouve saisi et requis, de manière immédiate, par la perception de l'autre, par sa présence. Pour le philosophe, le fait central – de l'éthique, mais aussi de l'humanité comme telle – réside dans cette déchirure bouleversante provoquée dans le monde par la présence corporelle d'autrui, qui s'impose sur un mode tout autre que la présence des choses.

En effet, pour Levinas, le corps de l'autre signifie par lui-même, de manière originaire. Dans sa nudité, sa faiblesse offerte, son incapacité à dissimuler qu'il est démuni, ce corps humain manifeste à la fois qu'il est vulnérable et inviolable. Exposé au meurtre possible, il l'interdit. L'irruption de l'autre suffit donc, à elle seule, pour fonder l'éthique et la responsabilité, voire la politique.

Cette signification corporelle immédiate, Levinas la nomme « visage ». Ce n'est pas simplement la face humaine, pas même l'expression des traits. Le « visage » est le corps tout entier de l'autre, en tant qu'humain, en tant qu'il s'adresse directement à moi, et m'investit d'une responsabilité dont je ne saurais, par aucun moyen, me décharger : « Voir un visage, c'est déjà entendre "Tu ne tueras point" et entendre "Tu ne tueras point", c'est entendre "justice sociale". »

L'éthique selon Levinas suppose que cette expérience soit un bouleversement : par le corps, on approche l'infini. Cette proximité est aussi une dépossession. Le visage de l'autre me dessaisit de moi-même, de mes assurances, de ces formes de clôture que sont l'égoïsme, l'indifférence ou même, plus radicalement, l'identité et la subjectivité. Le retournement radical que développe, de mille façons, la pensée de Levinas consiste avant tout à constater que l'autre a priorité sur moi. L'éthique prend à la lettre, et au sérieux, la banale formule de politesse « après vous, je vous en prie », elle y voit la clé du monde et en fait une règle de vie, aussi bien personnelle que collective.

La relation entre l'autre et moi est donc dissymétrique. La primauté de l'autre est telle que Levinas parle d'« obsession » ou d'« insomnie », conçoit le sujet comme une « passivité » presque pure, comme « otage » d'autrui. Le renversement radical opéré par Levinas semble parfois aboutir à des résultats paradoxaux : alors qu'on pense classiquement l'égoïsme, les rapports de force, la nécessité de limiter la domination exercée sur l'autre, il pose comme points de départ l'exigence de l'aide et de la compassion, la priorité de l'autre sur moi.

Cette responsabilité envers l'autre, il n'y a que moi qui puisse l'exercer. Elle me requiert, et même me constitue. Elle ne peut être déléguée à personne, et c'est en mon nom que je dois l'exercer. C'est à ce titre qu'on peut véritablement considérer que l'éthique constitue, pour Levinas, la philosophie première. Inutile d'imaginer un autre fondement au monde et à l'existence, nul besoin d'être ou de substance. La place ancienne de la métaphysique est envahie, ou plutôt remplacée, par la relation à l'autre.

Sa préséance sur moi vaut sur tous les plans. La politesse, on l'a rappelé, ne cesse de répéter : « Après vous, je vous en prie. » Levinas souligne combien pareille formule est fondatrice, et repérable en bien d'autres registres. La filiation requiert que les enfants passent avant moi, les plus démunis sont eux aussi prioritaires, les étrangers doivent être accueillis et respectés avant les gens du lieu. Ce n'est pas affaire de coutume, de culture ou de lois, mais bien d'humanité, au sens le plus radical, fondateur de notre être au monde, de notre rapport à nous-mêmes, au langage et au sens.

Cette radicalité de l'expérience risque alors de se retourner en apologie de la culpabilité. Avant même toute action, je suis déjà coupable au regard de l'appel vertigineux de l'autre. C'est pourquoi la conception sublime que se fait Levinas du fondement de l'éthique, en dépit de son originalité et de sa profondeur, n'échappe pas à la critique.

En effet, intégrer de cette manière l'interdit du meurtre à l'expérience même du corps de l'autre, c'est inventer comme une fusion entre la réalité et la norme, dont on peut douter qu'elle soit effectivement réalisée. Il semble que Levinas tente d'annuler l'écart entre ce qui est et ce qui devrait être. On peut légitimement demander si pareille fusion est réellement possible. Sa pensée est d'une incontestable grandeur, soutenue par une langue extraordinaire de précision et de finesse. Mais elle s'efforce peut-être de confondre des mondes qui demeurent hétérogènes.

Ces interrogations ne sont pas les seules que suscite cette œuvre majeure. D'autres concernent l'articulation entre le versant philosophique et le versant talmudique de l'édifice. Sans doute, sur ce point, reste-t-il beaucoup à comprendre. Mais les lignes principales se discernent : en philosophe comme en penseur juif, Levinas n'accorde pas au rituel un pouvoir de sacrement. Il préfère le saint au sacré, toujours porteur du néopaganisme de la Terre et du Lieu. Et surtout, il place le divin dans la relation interhumaine. Il écrit par exemple : « La vraie corrélation entre l'homme et Dieu dépend d'une relation d'homme à homme dont l'homme assume la pleine responsabilité comme s'il n'y avait pas de Dieu sur qui compter. » Voilà qui ouvre bien des discussions.

L'essentiel à souligner, c'est toutefois le caractère étonnamment sensible et charnel de bien des pages et des analyses de Levinas. En fait, rien n'est moins abstrait que sa pensée. Même si elle est souvent difficile, une voie d'accès s'offre là où on s'y attend le moins. Ainsi, par exemple, ne s'attend-on pas à trouver, dans un livre de théorie philosophique aussi dense et complexe que *Totalité et Infini*, des pages consacrées à la caresse.

Qu'elle soit d'amour ou de tendresse, de désir ou de protection – à moins qu'elle ne conjugue tous ces traits –, la caresse semble loin des concepts, des analyses rigoureuses, des efforts d'abstraction. Si, en un sens, elle constitue bien une démonstration, elle n'a cependant rien à voir avec la géométrie. Ce geste d'affection ne mobilise pas, habituellement, la raison du philosophe.

Approche de la caresse

Pourtant, dans ce livre majeur, paru en 1971 – devenu, depuis lors, un des piliers du paysage philosophique contemporain –, Emmanuel Levinas consacre à la caresse des pages inattendues. C'est l'étrangeté de la caresse qui retient d'abord son attention. Le philosophe qui a mis au premier plan la question de l'autre, sa priorité sur moi, l'exigence éthique découlant de sa seule présence et de son visage, découvre qu'avec le toucher s'ouvre un espace-temps singulier.

Car la caresse ne vise, selon lui, « ni une personne ni une chose ». Elle fait naître un entre-deux, un monde intermédiaire, où chacun, à la fois touchant et touché, n'est plus exactement soi-même sans être pour autant devenu autre. Consistant « à ne se saisir de rien », la caresse se contente d'effleurer. Elle glisse, toute en tact, indéfiniment. Elle cherche, sans savoir quoi, sans rien trouver, mais sans pour autant cesser. En fait, elle « marche à l'invisible ». Ce toucher-là est donc bien autre chose qu'une banale affaire de peau, de cellules, de nerfs et de synapses.

La caresse, n'hésite pas à dire Levinas, « transcende le sensible ». Le corps caressé-caressant n'est plus celui de la physiologie. Ce n'est pas le corps-chose des anatomistes ou des médecins. Mais ce n'est pas non plus le corps exhibé de l'artiste dansant, ni l'organisme soumis aux contraintes du travail, ni la silhouette courbée aux ordres des pouvoirs. C'est un corps autre, à la limite du dicible et du pensable. Curieusement obscur et lumineux à la fois, jamais entièrement présent, toujours en devenir, comme en deçà du monde des choses. Le philosophe tente d'approcher son statut paradoxal, sans pour autant le figer dans une vérité morte.

Car ce monde où l'autre a priorité est aussi celui de l'incertitude, du suspens des dogmatismes, de l'interruption des convictions tranchées. En avançant dans cette direction, il faut aller jusqu'à dire que s'éteint là ce que les métaphysiciens appelaient, autrefois, « vérité ». Ce monde est celui où la fin du concept s'éprouve plus qu'elle ne se conçoit. C'est pourquoi on a parfois voulu voir, dans une supposée « philosophie de la caresse », le fil directeur de la pensée de Levinas.

Ces pages ne sont d'ailleurs pas isolées dans son œuvre – le thème de la caresse revient notamment dans un autre livre majeur, *Autrement qu'être ou Au-delà de l'essence*.

À la pensée du regard – qui depuis Platon discerne des arêtes fixes, qui voit l'autre comme une chose parmi les choses, qui privilégie l'identité –, la réflexion contemporaine, depuis Levinas, oppose donc une pensée du toucher qui voudrait fonctionner différemment. Sans doute peut-on la juger déconcertante, car elle n'est pas bardée de certitudes ni cuirassée d'évidences. Mais cet incertain possède, en revanche, une portée éthique fondamentale. « Il faut que les catégories manquent, écrit Levinas, pour qu'autrui ne soit pas masqué. »

De Levinas, que lire en premier ?

Difficile Liberté. Essais sur le judaïsme (Le Livre de poche, 1984).

Et ensuite ?

Entre nous. Essais sur le penser-à-l'autre (Le Livre de poche, 1993).

Éthique et Infini (Le Livre de poche, 1984).

Sur Levinas, que lire pour aller plus loin ?

Emmanuel Levinas, de Marie-Anne Lescourret (Flammarion, 1999).

Entretiens avec Levinas. 1992-1994, de Michaël de Saint-Chéron (Le Livre de Poche, 2010).

Emmanuel Levinas : Dieu et la philosophie, de Benny Lévy (Verdier, 2009).

Septième partie

UN DÉBAT SANS FIN

Quelle confiance faire encore à la raison ? Telle est, au plus simple, la question qui divise nombre de penseurs de la fin du XXe siècle. De ce point de vue, l'opposition entre Jacques Derrida et Jürgen Habermas est exemplaire.

Sans doute le détail de leurs débats, querelles, brouilles et réconciliations est-il pour le moins compliqué. Pierre Bouretz y a consacré un fort volume, dans lequel on trouvera toutes les indications souhaitables. Il est exclu d'entrer dans ces méandres, où interfèrent de multiples enjeux, théoriques et politiques, mais aussi institutionnels et idéologiques.

Toutefois, si les relations entre ces deux grands penseurs sont complexes, l'enjeu global de leur débat peut se formuler en peu de mots. Il s'agit de savoir si la rationalité a encore un avenir – en entendant par « rationalité » l'usage des argumentations, la logique démonstrative à l'œuvre dans le débat public. Ceci suppose évidemment l'existence d'un horizon de vérité, où l'on peut ultimement affirmer qui a raison et qui a tort, à quel propos et en fonction de quels arguments.

Cette recherche commune a traversé les siècles depuis les Grecs jusqu'au siècle des Lumières et à la modernité scientifique. Elle s'est trouvée contestée par Nietzsche au XIXe siècle, et par Heidegger au XXe siècle. Jacques Derrida prolonge à sa façon cette démarche de remise en question de l'idée même de vérité et des procédures de la rationalité. Il propose d'interroger les critères mêmes de nos jugements, les catégories avec lesquelles nous construisons nos pensées et nos discours. Le but est d'en faire jouer les articulations, d'en relativiser les évidences apparentes.

Telle est la « déconstruction » – un terme utilisé d'abord par Derrida pour rendre en français « *Destruktion* » chez Heidegger. Le mot est devenu synonyme du geste propre de Derrida, parfois contre son gré. Déconstruire revient à insister sur les ambiguïtés des termes conceptuels, à faire remarquer sous les évidences transparentes des complexités inaperçues, à compliquer et pluraliser des significations qui se donnent pour univoques. L'exercice n'est pas toujours dépourvu d'artifices, de jeux sur les mots ou de biais rhétorique – ce que ses adversaires ne manquent pas de reprocher à Derrida. En tout cas, face aux usages classiques de la raison, il s'agit de commencer par adopter une attitude de défiance, voire d'obstruction.

Au contraire, Jürgen Habermas incarne la confiance renouvelée dans la rationalité, le débat argumentatif, la discussion démocratique, l'échange d'arguments. Sa position est souvent plus subversive qu'il n'y paraît, car il insiste sur la nécessité que chacun ait accès à la discussion et dispose des moyens de faire valoir la validité de ses arguments – ce qui n'est pas effectivement le cas, même dans les régimes démocratiques qui reconnaissent formellement ce droit aux citoyens.

Pour Habermas, il s'agit moins de se défier de la raison que de se donner les moyens d'élaborer – aussi bien philosophiquement que politiquement – les conditions d'un renouveau du débat public. Contre les dérives possibles des démocraties, il ne cesse de les rappeler à leur nature propre, qui réside dans la politique délibérative.

Bien que la schématisation soit excessive, il est indiscutable qu'on se trouve face à deux attitudes opposées. L'une s'interroge systématiquement sur ce qu'il y a d'obscur dans la rationalité, sur ce qui constitue ses limites, éventuellement ses illusions. L'autre travaille à la rendre collectivement plus efficace et transparente, en dégageant les normes théoriques et pratiques d'une éthique de la discussion et d'une politique de la délibération.

Entre ces deux postures, le débat est sans fin.

• NOM : *JACQUES DERRIDA*

• LIEUX ET MILIEUX

L'Algérie disparue mais présente, les institutions françaises familières mais peu accueillantes, les universités américaines souvent enthousiastes : un paysage volontairement cosmopolite.

• 10 DATES

1930 Naissance à El-Biar en Algérie.

1940 Déchu de la nationalité française par les lois antijuives de Vichy.

1952 Entre à l'École normale supérieure de la rue d'Ulm.

1964-1984 Maître-assistant à l'École normale supérieure.

1967 Publie *De la grammatologie*, *L'Ecriture et la différence*, *La Voix et le phénomène*.

1975 Professeur invité à l'Université de Yale.

1978 Organise les États généraux de la philosophie.

1984 Directeur d'études à l'École des hautes études en sciences sociales.

1986 Professeur à l'université de Californie à Irvine.

2004 Mort à Paris le 9 octobre.

• SA CONCEPTION DE LA VÉRITÉ

La vérité, pour Derrida :

est à déconstruire, c'est-à-dire à remettre en jeu.

est inséparable d'une écriture.

se trouve toujours prise dans un récit.

• UNE PHRASE-CLÉ

« La philosophie doit toujours être exposée au risque de se quitter, de partir d'elle-même. ».

• SA PLACE DANS LA PENSÉE CONTEMPORAINE

Controversée, les uns s'enthousiasmant pour la fécondité des gestes nouveaux effectués par Derrida dans le champ philosophique et littéraire, les autres ne voyant dans son œuvre que gesticulation inutile et obscure.

Chapitre 19

Où Jacques Derrida s'exerce à questionner les questions

Jacques Derrida donne l'impression de n'avoir jamais été à l'aise dans un rôle simple. De mille manières, il a transformé en problèmes ce qui pouvait paraître donné et sans difficulté. Avec lui, rien n'était jamais aussi évident qu'on pouvait le croire ou qu'on feignait de le dire. Derrière nos habitudes, nos repères et nos critères les mieux assurés, il s'est attaché à débusquer des hypothèses inaperçues et des présupposés à questionner. Il fallait toujours, à ses yeux, plus d'attention, plus de temps, plus de nuances… et plus de prudence, de patience, d'audace et d'ouverture d'esprit que notre époque n'en dispose.

Philosophe, il a voulu regarder la philosophie du dehors, et la questionner sans complaisance. Écrivain, il n'a cessé de greffer récit et concept, de les travailler et de les féconder l'un par l'autre. Professeur, il a continûment interrogé les institutions d'enseignement et scruté le sens de l'université comme de l'éducation. Citoyen, il a milité à sa façon, tout en critiquant les certitudes des démocraties actuelles.

La raison de ces subtilités ? Pas du tout le goût de la complication, mais le souci de préserver l'avenir. Jacques

Derrida voulait qu'on cessât de croire toutes les questions réglées, toutes les paroles prévues ou prévisibles, tous les régimes politiques entrevus. L'axe principal de son œuvre : ménager la place pour l'éventualité d'un autre sens, de quelque chose d'inouï. Réserver la possibilité d'un temps, d'une écriture, d'une forme de savoir ou d'une sensibilité dont, jusqu'à présent, il ne serait pas d'exemple. S'employer pour cela à desserrer les évidences anciennes, travailler à réintroduire du jeu dans les constructions existantes – de la métaphysique à la logique, de la psychologie à la politique – pour que l'avenir ne soit pas clos d'avance.

Un succès mondial

En un temps où les diversités tendent à disparaître, où le monde semble « sans dehors » et dépourvu d'alternative, sa volonté constante de laisser place à un ailleurs peut expliquer son succès paradoxal. Car cette œuvre hyper élitiste connaît de son vivant une notoriété mondiale. D'autres éléments contribuent à ce succès. Notamment : l'enthousiasme des littéraires américains (les philosophes anglo-saxons purs et durs ont résisté), la possibilité supposée d'appliquer une « méthode » Derrida à des domaines très divers, la grande fécondité de l'auteur (pas moins d'une cinquantaine de volumes publiés en 35 ans), son charisme personnel, la diversité des domaines abordés, traversés ou mis en relation (de la poésie à la photographie, de la psychanalyse au statut de l'université, de l'Europe à la différence des sexes, entre bien d'autres), tout cela a contribué à sa gloire.

Mais ce ne sont que des données extérieures à l'œuvre. De manière plus radicale et plus profonde, il y a chez Jacques Derrida un geste, un appel, une attente auxquels son époque s'est trouvée sensible : redonner sa chance à l'avenir, rester attentif à l'imprévisible. Voilà pourquoi, en une vingtaine d'années, les décennies 1970 et 1980, Derrida finit par incarner, à peu près dans le monde entier – de l'Inde aux USA, de l'Amérique latine à la Corée du Sud, des pays baltes à l'Afrique –, la figure du philosophe, même aux yeux de ceux qui n'ont pas lu une ligne de ses ouvrages. Au cours des dernières années de sa vie, l'aura s'est amplifiée. On voit fleurir des romans, des nouvelles, des films, dont Derrida – ou un penseur qui lui ressemble étrangement – est un personnage. Une nébuleuse de sites Internet sont consacrés à son œuvre, parfois seulement à son image (une photo, quelques bribes de textes). Bref, ce penseur difficile a fini par devenir une icone.

Alger, Harvard, Paris

Rien, pourtant, ne semble l'avoir prédisposé à cette place centrale. Dans sa vie, le temps des commencements et des ancrages est d'abord fait d'exils et de marges. Né le 15 juillet 1930 en Algérie, à El-Biar, non loin d'Alger, Jacques Derrida est d'emblée décentré par rapport au cœur de la vie culturelle. Il ne quitte l'Algérie pour la première fois qu'à 19 ans. Enfance et adolescence algériennes lui laissent le sentiment d'être « d'ailleurs ».

Sentiment redoublé par une exclusion soudaine dont la blessure ne s'efface jamais. Le jour de la rentrée scolaire, à l'automne 1942, le garçon doit entrer en classe de cinquième au lycée Ben-Aknoun, mais il est renvoyé chez lui. Le jeune juif se voit retirer la nationalité française, le régime de Vichy ayant aboli le décret Crémieux de 1870. Jusqu'au printemps 1943, il suit les cours d'un établissement créé par les professeurs chassés de l'enseignement public par application du Statut des Juifs proclamé par Vichy dès le 3 octobre 1940.

Dans cette terre de soleil si douce à vivre, où l'on ne vit jamais un seul soldat allemand, l'enfant découvre pourtant l'arbitraire de la mise à l'écart, la menace sourde de la persécution. À son retour au lycée, il connaît une période troublée, où le sport (il rêve alors d'être footballeur professionnel) occupe plus de temps que l'étude. Il échoue une première fois au bac, en 1947, comme il échoue d'abord, devenu interne au lycée Louis-le-Grand à Paris, au concours d'entrée à l'École normale.

Une fois admis rue d'Ulm, en 1952, Jacques Derrida progressivement se stabilise, travaille aux Archives Husserl de Louvain, passe l'agrégation de philosophie, décroche une bourse pour Harvard, épouse à Boston, en 1957, Marguerite Aucouturier (dont il aura deux fils, nés respectivement en 1963 et 1967) et fait son service militaire en Algérie comme enseignant à Koléa, près d'Alger, dans une école pour enfants de troupe.

Après un an passé au lycée du Mans, il commence, en 1960, à enseigner à la Sorbonne. Le premier moment de sa trajectoire se clôt avec l'abandon de l'Algérie, l'installation de ses parents à Nice, l'essor de ce qu'il dénomme plus tard la « nostalgérie ». Tous les lieux spécifiques de son itinéraire sont déjà en place : la rue d'Ulm, où il va devenir bientôt maître-assistant, Harvard, où il retournera toujours, Prague aussi, où vivent ses beaux-parents, et où il sera plus tard emprisonné.

Derrida se trouve d'emblée dans une double appartenance, un ici et un ailleurs, toujours deux lieux au moins. Sans compter une sorte d'énigme revendiquée, qui ne le quitte à aucun moment : « Personne ne saura jamais à partir de quel secret j'écris et que je te le dise n'y change rien », écrit-il en 1991 dans *Derrida*, livre cosigné avec Geoffrey Bennington.

L'écriture, la voix, la pensée

Vient ensuite le temps des mises en œuvre et des mises en place, qu'il s'agisse des concepts, des réseaux ou des expérimentations. En quelques années, ce nouveau venu s'impose dans le paysage intellectuel. 1962, premier travail : une traduction de *L'Origine de la géométrie* de Husserl, précédée d'une longue et originale introduction. Jacques Derrida reçoit le prix Jean Cavaillès. En 1964, il commence à enseigner à l'École normale de la rue d'Ulm, où il va rester jusqu'en 1984. Premiers articles, vite remarqués, dans les revues *Critique* et *Tel Quel*. Liens d'amitié avec le responsable de *Tel Quel*, Philippe Sollers, en attendant, quelques années plus tard, leur rupture pour des raisons politiques, Derrida choisissant de rester proche du Parti communiste quand les écrivains de *Tel Quel* deviennent « maoïstes ».

Deux séries de trois livres font reconnaître Derrida comme un philosophe d'une singulière originalité. En 1967 : *La Voix et le Phénomène, De la grammatologie, L'Écriture et la Différence*. En 1972 : *Positions, Marges – de la philosophie* et *La Dissémination*. L'essentiel du « programme » de Derrida, de ses thèmes et de son style d'intervention est alors connu.

Thème 1 : primauté de l'écrit sur la parole, de la trace sur la voix, du texte sur le dire. Ou plutôt, antériorité fondatrice d'une dimension d'inscription sur toute forme de langue. Par là, Derrida s'oppose à toute une tradition métaphysique, issue des Grecs et relayée par le christianisme. Cette tradition « logocentrique » juge la voix plus présente, plus vivante, plus centrale que l'écriture, qui n'en serait que la copie, une réalité seconde et dévalorisée.

Thème 2, connexe : le sens ne se sépare pas du signe, la pensée de l'écriture. Le concept n'est pas détachable des phrases où il s'inscrit, du style qui le porte et le transmet. Du coup, il convient d'être attentif à la manière dont écrivent les penseurs. Il devient possible et légitime de les interroger à partir de leurs moindres tournures de phrases et de tout ce qui, dans leurs textes, contrevient à leurs pensées explicites. Symétriquement, le travail sur l'écriture peut apparaître comme un travail sur le concept, ce qui ouvre la voie à la possibilité de ne plus distinguer, à terme, entre littérature et philosophie, théorie et fiction.

Thème 3, lié aux précédents : il ne peut s'agir ni de poursuivre la philosophie ni de la quitter tout à fait. La seule possibilité « impossible » est d'être à la fois dedans et dehors, d'interroger la philosophie elle-même, de « questionner la question », de mettre au jour, et de mettre en jeu, les présupposés de ce discours métaphysique qui prétend comprendre, ou surplomber, ou dépasser, tous les autres.

La convergence de ces thèmes conduit à la « déconstruction », terme désormais attaché au nom du penseur de manière indéfectible. Derrida refuse de la définir et préfère procéder négativement : la « déconstruction » n'est pas simplement une méthode, ni une école de pensée, encore moins un système ou une philosophie. Il s'agit plutôt, en interrogeant les présupposés d'un texte, ses catégories, ses marges, ses limites, ses blancs, de l'ouvrir à d'autres significations possibles que celles qui se sont sédimentées, par tradition, au fil des lectures et des enseignements.

« Déconstruire » n'est pas détruire, ni abandonner. Ce n'est pas non plus défaire. C'est redonner du jeu, rouvrir des perspectives de mouvement, dans des pensées ossifiées ou figées. On retrouve la question qui ne cesse d'occuper Derrida : celle de l'ouverture, du possible encore inouï, de l'avenir en réserve.

Amis, ennemis

S'ouvre alors le temps des conquêtes. Jacques Derrida fonde en 1974 la collection « La philosophie en effet » chez Flammarion, où se publient les travaux de ses proches (notamment Jean-Luc Nancy, Philippe Lacoue-Labarthe, Sarah Kofman, Sylviane Agacinski). Il participe en même temps à la fondation du GREPH (Groupe de recherche sur l'enseignement de la philosophie). L'année suivante débute ce qu'on a baptisé « l'École de Yale » (Paul de Man, Derrida et d'autres) et les débats américains autour de la déconstruction deviennent intenses.

Durant les années très denses qui suivent, se multiplient les voyages (Japon, Amérique du Nord et Amérique latine, Europe de l'Est, Israël) et se succèdent les traductions. Derrida explore de nouvelles manières d'écrire. Il divise la page en deux colonnes, mêle références philosophiques et incantations poétiques dans *Glas,* livre construit sur les sonorités du nom de Hegel. Il agence, dans *La Carte postale, de Socrate à Freud et au-delà,* les citations tronquées et les fragments autobiographiques, entre autofiction et court-circuits historiques : « Freud a branché sa ligne sur le répondeur automatique du *Philèbe* et du *Banquet*... »

En 1983, il joue un rôle décisif dans la création du Collège international de philosophie, qui perdure depuis comme une institution originale. Il entre, la même année, à l'École des hautes études en sciences sociales, où il demeure jusqu'à sa retraite. Les États-Unis (Yale, Harvard, Irvine en Californie) l'accueillent plusieurs fois par an. Il exerce alors une influence croissante sur les départements de littérature des universités américaines, directement ou par le biais des professeurs qu'il a formés.

Cette notoriété suscite des polémiques, ravivées, en 1987, par la révélation de l'étendue et de la durée de la compromission de Heidegger avec le régime hitlérien et par des attaques, menées la même année, contre le passé politique de Paul de Man. Jacques Derrida est affecté, de manière différente, par les accusations visant Heidegger, dont il n'avait cessé de se réclamer tout en le critiquant, et par la campagne hostile à son ami Paul de Man. Deux livres répondent : *De l'esprit. Heidegger et la question* et *Mémoires – pour Paul de Man*.

En dépit de son succès, Derrida ne fait pas l'unanimité sur son nom. En France, il est tenu à l'écart des grands honneurs et des hautes charges universitaires : ni la Sorbonne ni le Collège de France ne l'ont élu. Dans le monde anglo-saxon, où sa notoriété est la plus forte, il ne manque pas d'adversaires tenaces, qui considèrent son œuvre comme un galimatias et sa pensée comme une imposture. En 1991, quand l'université de Cambridge propose de lui remettre un doctorat *honoris causa*, c'est une levée de boucliers. Une pétition s'organise pour l'empêcher. Derrida est reçu, mais par 302 voix contre 204.

La dernière dizaine d'années de sa vie marque le temps des retours. Plus souvent en France, il y devient plus visible, accepte d'intervenir à la télévision de temps à autre, ou dans les journaux, malgré sa défiance envers le « simplisme journalistique ». C'est aussi, peut-être surtout, un retour aux questions du politique qui domine ces dernières années. Sans doute Derrida n'a-t-il jamais déserté la scène française, pas plus que les luttes politiques. Membre de l'Association Jan Hus, qui aide les intellectuels tchèques dissidents, il est arrêté à Prague en 1981, inculpé de « production et trafic de drogue » (!) et finalement relâché.

La tournure politique de ses interventions devient toutefois plus explicite et plus soutenue. Avec *Spectres de Marx*, sous-titré *L'état de la dette, le travail du deuil et la nouvelle Internationale*, Derrida semble renouer sur le mode nostalgique avec les espoirs qui animèrent le XIXe et le XXe siècle avant d'être dévoyés. Il s'interroge sur « le cadavre du politique », dont les traits constitutifs sont à ses yeux en passe de disparaître. Cette réflexion se prolonge dans *Marx and Sons,* où le penseur répond aux discussions ouvertes par *Spectres de Marx.* On retrouve les mêmes préoccupations politiques dans son livre d'entretiens avec Élisabeth Roudinesco, *De quoi demain…* ainsi que dans les deux livres où il aborde le monde de l'après-11 Septembre d'une manière très hostile à la politique américaine, *Voyous* et *Philosophy in a Time of Terror.*

Ces quelques indications ne prétendent pas résumer le geste d'un penseur qui, plus que tout autre sans doute, n'a cessé de s'employer à ne pas être résumable. À ses yeux, finalement, ne pas pouvoir être enfermé dans une seule définition, une seule question, un seul propos, c'est la même chose que de préserver un avenir.

De Derrida, que lire en premier ?

Droit à philosopher du point de vue cosmopolitique (Verdier, 1998).

Et ensuite ?

L'Écriture et la Différence (Seuils, « Points », 1979).

Sur Derrida, que lire pour aller plus loin ?

De quoi demain… Dialogue, Jacques Derrida et Élisabeth Roudinesco (Flammarion, « Champs », 2003).

Apprendre à vivre enfin (entretien de Jacques Derrida avec Jean Birnbaum, Galilée, 2005).

Derrida, de Benoit Peeters (Flammarion, 2010).

Avec Derrida, la philosophie est interrogée dans les conditions de son écriture, afin de laisser en réserve la possibilité d'un autre avenir.

Avec Habermas, la rationalité est remise à l'honneur, dans l'examen des conditions de la parole publique et de la discussion démocratique.

• NOM : *JÜRGEN HABERMAS*

• LIEUX ET MILIEUX

Les universités et institutions allemandes après la Deuxième Guerre mondiale, la construction de l'espace public européen et mondial.

• 10 DATES

1929 Naissance à Düsseldorf.
1949-54 Études à Göttingen, Zürich et Bonn.
1956 Travaille à Francfort auprès de Horkheimer et d'Adorno.
1961-71 Enseigne à Heidelberg et Francfort.
1968 Publie *La Technique et la science comme « idéologie »*.
1971-82 Codirige l'Institut Max-Planck.
1981 Publie *Théorie de l'agir communicationnel* (2 vol.).
1983 Professeur à l'université de Francfort.
1994 Professeur émérite.
1997 Publie *Droit et démocratie*.

• SA CONCEPTION DE LA VÉRITÉ

La vérité, pour Habermas :
s'élabore par la discussion,
dépend de la qualité du débat public,
est une pratique et pas une donnée.

• UNE PHRASE-CLÉ

« Si l'être humain ne dispose pas du moyen d'accéder à la connaissance de "la vérité", il peut, à travers son langage, en découvrir un reflet, et éventuellement s'engager dans cette perspective. »

• SA PLACE DANS LA PENSÉE CONTEMPORAINE

Croissante, dans la mesure où sa pensée s'efforce continûment de prendre en compte, dans toutes leurs dimensions, les problèmes politiques et sociaux du monde globalisé.

Chapitre 20

Où Jürgen Habermas refuse de voir la raison sombrer

« Mon propre développement intellectuel ne peut guère s'expliquer hors de la confrontation qui, ma vie durant, m'a opposé à des figures telles que Heidegger ou Carl Schmitt. » Ainsi parlait Habermas dans un entretien accordé en 2001 au *Monde de l'éducation.* Pour Heidegger, qui attaque frontalement la rationalité classique et en même temps milite parmi les nazis, ce philosophe n'a guère plus de sympathie que pour Carl Schmitt, juriste officiel du Troisième Reich, inspirateur des lois raciales de Nuremberg en 1936.

Voilà qui semble simple et, si l'on peut dire, juste normal. Qu'après le nazisme un philosophe allemand combatte les pensées qui ont produit ou soutenu cette négation de l'humain, il n'y a là rien qui doive étonner. Pourtant – c'est l'un des paradoxes du siècle –, une bonne partie des intellectuels, à gauche ou à l'extrême gauche, ne partage pas cette évidence. Heidegger reste pour eux, Derrida le premier, une référence majeure. Carl Schmitt demeure un théoricien fréquentable.

Un des premiers mérites de Jürgen Habermas – ce n'est pas le seul, évidemment – est de n'avoir jamais partagé cette fascination. Il souligne, dans le même entretien, être « resté très méfiant à l'égard du courant profond, hostile à la civilisation, propre à cet irrationalisme spécifiquement allemand, qui fascine si singulièrement un certain nombre d'amis français ». La cohérence théorique et morale, la fidélité obstinée à quelques normes, voilà qui caractérise ce philosophe rigoureux et courageux qui a marqué les dernières décennies du XXe siècle.

Une œuvre imposante

Né en 1929, Habermas a consacré, en 1954, son doctorat à la philosophie de Schelling avant de devenir à Francfort l'assistant de Theodor Adorno. Son parcours s'inscrit donc dans l'histoire de la « théorie critique », école de pensée qui s'est développée en Allemagne à partir des années 1920 au carrefour du marxisme, de la sociologie et de la philosophie politique. Walter Benjamin et Herbert Marcuse figurent parmi les principaux représentants de ce courant, avec Theodor Adorno et Max Horkheimer. Fermé par les nazis en 1933, l'Institut pour la recherche sociale de Francfort rouvrira seulement en 1950, avec le retour d'Adorno de son exil aux États-Unis.

C'est dans le contexte de cette réouverture après la guerre que Habermas travaille. Ses relations avec ce qu'on a pris l'habitude de nommer l'École de Francfort sont toutefois compliquées. En fait, il va progressivement prendre ses distances envers la caution théorique marxiste et cheminer vers un profond renouvellement de la pensée politique et philosophique. Le propre de la démarche de Habermas est en effet de toujours s'efforcer de tenir ensemble travail conceptuel et perspectives d'émancipation.

Cette élaboration, poursuivie sur plus d'un demi-siècle et plusieurs milliers de pages, ne s'expose pas en trois phrases. D'autant qu'une des caractéristiques majeures de l'œuvre de Habermas est d'embrasser une multitude de domaines, de la sociologie à la théorie morale, de la philosophie du droit à l'analyse du langage. En outre, le philosophe n'a cessé de prendre position sur la scène publique, que ce soit contre l'assimilation du totalitarisme nazi au totalitarisme communiste ou contre l'éventualité du clonage humain. Habermas intervient en effet régulièrement, dans la presse ou les revues, sur les questions de bioéthique ou de politique européenne.

Entrer dans chacun de ces domaines exigerait un volume, ou même plusieurs. Ce qu'il s'agit de mettre en lumière ici n'est pas l'ensemble de ce foisonnant parcours, mais son orientation globale. Pour la comprendre, il est nécessaire de revenir en arrière, pour rappeler quelques traits de l'histoire récente des représentations de la raison.

De la souveraineté à l'autodestruction

Si l'on ose condenser trois siècles en quelques lignes, on dira qu'au commencement des Temps modernes régnait l'idéal d'une Raison souveraine. Cette faculté unique était jugée capable de guider les vies individuelles, de veiller aux constitutions politiques comme aux décisions collectives. Telle est la grande affaire du XVIIIe siècle : garante de la certitude des principes aussi bien que de la véracité des connaissances expérimentales, la Raison préside en même temps à la moralité des choix et à la justesse des sentences.

L'âge suivant voit les Lumières se ternir. Entre empires et industries, machinisme et lutte des classes, scientisme et utopie, s'ouvre le temps des hauts-fourneaux, des mines, des colonies et des chemins de fer. Il soupçonne la Raison de n'être qu'une pièce dans un ensemble. Facette parmi d'autres des situations humaines, elle n'est plus leur source originaire ni leur mesure ultime.

Le XXe siècle, pour sa part, affolé de massacres inconcevables, étourdi d'inventions incessantes, pourvu de théories à foison, ne se contente pas de douter de l'ancienne Raison souveraine. Il veut trouver, dans son règne même, la source de nos maux. Discerner dans les Lumières l'engendrement des ténèbres, telle est la démarche de la première génération des théoriciens de l'École de Francfort, illustrée par les travaux de Theodor Adorno et de Max Horkheimer.

Hitler, fils de Kant ? Le nazisme, rejeton de l'Encyclopédie ? De tels raccourcis sont évidemment monstrueux. Adorno et Horkheimer œuvrent de manière autrement subtile. Mais ils attribuent effectivement à la pensée des Lumières un large rôle dans la genèse des massacres contemporains. Pas simplement en rappelant qu'on a pu asservir « au nom » de l'égalité, tuer « en vue » du progrès, torturer « par souci » du bien suprême… mais bien en suggérant qu'*au sein même* du projet des Lumières une forme d'oppression totalitaire agit déjà. La Terreur n'est jamais loin de l'égalité.

Jürgen Habermas s'inscrit en faux contre ce pessimisme. Il s'écarte de cette vision désespérée, qui finit par suspendre tout projet global d'émancipation. Un des principaux fils directeurs de son œuvre est la volonté de rénover les Lumières. Cela ne signifie évidemment pas le désir de retourner, comme si de rien n'était, à un moment antérieur de l'histoire, mais bien la volonté de reprendre, pour notre époque, cette tâche sans fin : définir ce qui constitue la raison, délimiter sur quelles réalités elle a prise.

Raison et communication

Le long parcours d'Habermas, d'un abord souvent difficile, a noué sur la trame héritée de la philosophie des éléments provenant notamment d'un marxisme assoupli, d'une psychanalyse transposée à l'histoire, et des sciences sociales dans leur diversité. On risque toutefois de passer à côté de l'essentiel si l'on oublie que la réflexion d'Habermas s'est ouverte par le constat d'un changement radical dans la conception de la raison.

À ses yeux, la raison n'a plus à proprement parler de nature ni d'essence. Elle est immergée dans le langage, prise dans le tissu mobile des discussions. Plutôt qu'une capacité donnée, la raison apparaît comme un processus en cours. À l'œuvre dans toute tentative d'argumentation, ce processus n'a rien de mystérieux ni de vague. Les règles qu'il présuppose peuvent être explicitement formulées, et leurs structures analysées – les logiciens et linguistes l'ont montré, de Peirce à Frege et à Russell. Habermas a tiré les conséquences de ce « tournant linguistique » sur la conception de la raison, principalement dans les deux volumes de sa *Théorie de l'agir communicationnel* (1981).

L'analyse principale de cette conception nouvelle est empruntée aux travaux de John Austin et de John Searle. Dans un ouvrage devenu classique, *Quand dire c'est faire* (traduction française, en 1970, de *How to Do Things with Words*, 1955), Austin développe la théorie des *speech acts* : le langage n'a pas simplement un usage descriptif, il arrive aussi qu'il constitue par lui-même une action. « Je te baptise » ou « je vous déclare unis par les liens du mariage » ne sont pas des phrases qui se contentent de dire ce qui est. Ce sont des « performatifs », c'est-à-dire des énoncés qui sont censés modifier le cours des événements et constituent, par eux-mêmes, des actions.

Cet apport a été déterminant dans la construction par Habermas de sa théorie de « l'agir communicationnel ». Il était en effet convaincu de la nécessité de construire une relation forte entre théorie de la raison et analyse du présent, mais il lui manquait une perspective linguistique permettant de lier action politique et débat public. Il en trouve les éléments chez Austin et Searle, ainsi que dans les analyses de l'interaction du sociologue pragmatiste George Herbert Mead. Réélaborant ces éléments au sein de sa propre pensée, Jürgen Habermas construit un système à la fois cohérent et ouvert, d'une puissante originalité.

Il conserve en effet l'idée d'une émancipation tout en laissant de côté les présupposés du marxisme. Dans le cadre de l'interaction des individus et des collectivités au sein du débat public, la discussion argumentée permet à chacun de faire valoir la validité de son point de vue et d'aboutir à des résultats acceptés par tous. C'est en ce sens que la communication est aussi une action et peut permettre à la politique de déboucher sur une émancipation effective des individus.

La principale difficulté est qu'une telle analyse vaut pour « la situation idéale de parole », celle où chacun peut s'exprimer, être écouté, répondre aux éventuelles objections. Dans les situations politiques et sociales contemporaines, même dans les pays démocratiques, il est facile de constater qu'un écart considérable existe entre les réalités quotidiennes et cette « situation idéale ». Habermas en est évidemment conscient. Mais il insiste sur les possibilités multiples offertes par les instances démocratiques et le cadre, à la fois juridique et pratique, qu'elles constituent.

Ces analyses sont moins éloignées des réalités concrètes qu'on ne le croit au premier regard. Que l'on songe, par exemple, à la chute du mur du Berlin, à l'effondrement du communisme dans le bloc soviétique, aux évolutions de l'Ukraine ou même actuellement de la Chine. Le rôle joué par la parole citoyenne, par les débats argumentés, par la discussion publique qui se poursuit sous mille formes, institutionnelles ou non, semble devenir de plus en plus crucial.

Contre l'inhumain

Dans l'élaboration de cette nouvelle théorie critique, un problème majeur, celui des normes de l'action, n'a été abordé que tardivement. Car le problème de la morale et du droit se pose chez Habermas d'une manière spécifique. D'un côté, en effet, à ses yeux, à la différence de la raison pratique dans la philosophie des Lumières, « la raison fondée sur la communication n'est pas une source de normes d'action ». D'un autre côté, il doit bien exister une forme de légitimité des règles du droit, qui ne se borne pas au seul jeu fluctuant des législations.

C'est notamment dans *Droit et démocratie* (1992) que Habermas aborde de front cette question : peut-on fonder une légitimité du droit dans le cadre d'une conception de la raison comme communication ? La réponse est positive. Elle repose sur le remplacement du modèle classique du contrat par le modèle de l'accord établi au moyen de la discussion. Entre le débat démocratique et la légitimité de l'État de droit, il n'y a pas simple coïncidence historique, mais lien interne, relation conceptuelle forte.

Un des caractéristiques constantes de la pensée de Habermas est en effet de ne jamais céder sur la question des normes, du droit et de l'éthique. Qu'il s'agisse du clonage reproductif, des manipulations génétiques ou des perspectives ouvertes par l'intelligence artificielle, il maintient continûment une exigence sans faille. Ce qui lui vaut parfois de passer pour rigide ou passéiste, alors qu'il s'emploie à ne pas transiger avec ce qui, à ses yeux, risque de conduire vers l'inhumain.

Si les travaux d'Habermas sont complexes, leurs résultats et leur orientation sont nets. Voilà un philosophe du XXe siècle, au moment où ce siècle décline. Ses prédécesseurs ont souvent cultivé le désespoir, certains la démission. Lui s'attache à établir que sont indissociablement liés raison, communication, démocratie, droits de l'homme et souveraineté populaire, sans faire appel à une théologie ni à une métaphysique.

Sur sa gauche, on le juge réformiste et trop modéré. Sur sa droite, on crie au bolchevique masqué. En effet, dans les développements les plus théoriques en apparence, la politique n'est jamais loin : « Il n'est guère plus possible d'obtenir ou de maintenir l'État de droit sans une démocratie radicale. » Habermas est un démocrate à la fois radical, cosmopolite et conséquent.

C'est pourquoi il souligne le contraste entre l'exigence morale universaliste et l'extraordinaire résistance au changement de l'organisation mondiale. Au lieu de s'en tenir à la seule morale rationnelle qui a toujours les mains pures parce qu'elle n'a pas de mains, il convient d'entrer dans la construction d'un système juridique. Par exemple celui de l'ONU, qui répond en partie au projet de paix perpétuelle de Kant.

Encore faudrait-il que le système ne demeure pas une simple façade. « Les tribunaux internationaux, écrit Habermas, ne sont pas suffisants pour permettre de transformer la Déclaration des droits de l'homme de l'ONU en droits exigibles ; ces tribunaux ne pourront fonctionner d'une façon convenable qu'à partir du moment où l'âge des États souverains aura pris fin grâce à l'existence d'une ONU capable non seulement de décider, mais d'agir et d'imposer. »

Ce qui frappe le plus, finalement, dans le geste de ce philosophe, c'est un sens aigu des situations contemporaines. Ne lui sont étrangers ni le souci écologique ni l'extension mondiale des marchés, ni la résurgence des revendications ethniques et nationales, ni la prolifération nucléaire. L'apathie de l'Europe, la pusillanimité générale de l'Occident lui sont insupportables, au regard de l'amoncellement planétaire de difficultés cruciales.

« Devant cet arrière-plan effrayant, la politique des sociétés occidentales disposant de l'État de droit et de la démocratie perd, aujourd'hui, toute orientation et toute assurance. » Heureusement, le philosophe ne laisse pas triompher des états d'âme. La colère ? Le découragement ? La contemplation résignée d'une civilisation en déclin ? Non. Courageusement, les Lumières, reconstruites pour notre temps. Et rien d'autre.

De Habermas, que lire en premier ?

De l'éthique de la discussion (Flammarion, « Champs », 1999).

Et ensuite ?

L'Avenir de la nature humaine (Gallimard, 2002), *L'Espace public* (Payot, 1978).

Sur Habermas, que lire pour aller plus loin ?

Comprendre Habermas, d'Alexandre Dupeyrix (Armand Colin, 2009).

La Théorie critique de la société. Introduction à la pensée de Jürgen Habermas, de Michaël Theunissen (Bayard, 2005).

Le Principe discussion. Habermas et le tournant langagier, d'Arno Münster (Kimè, 1998).

Conclusion

Où l'on indique, pour finir, quelques précisions utiles

Pour finir quelques éléments de réponse à des questions que les lecteurs peuvent se poser.

Comment ont été choisies les vingt figures évoquées ? Il n'existe évidemment aucun critère parfaitement objectif. J'ai retenu, d'un côté, les grands repères historiques : impossible d'évoquer la pensée philosophique du XXe siècle sans la présence de Bergson, Husserl, Heidegger ou Wittgenstein – quoi qu'on pense de chacun d'eux.

D'un autre côté, impossible d'échapper aux préférences subjectives : j'ai voulu parler de James, de Quine ou de Gandhi, que la liste d'un autre n'aurait sans doute pas retenus. Je ne vois ni par quel moyen il serait possible ni pour quel motif il serait souhaitable de se défaire de cette part de subjectivité.

Présents, absents

Pourtant, il y a de grands absents. C'est inévitable et c'est la loi du genre. En jouant à « qui n'est pas là alors qu'il aurait pu y être », chacun trouvera inévitablement des noms manquants. On peut faire figurer, parmi les maîtres à penser du XXe siècle, Rudolf Carnap, l'un des maîtres du positivisme logique, Alfred North Whitehead, qui édifia l'un des derniers systèmes philosophiques complets, Theodor Adorno, l'un des fondateurs de la théorie critique, Vladimir Jankélévitch, auteur notamment d'un étonnant *Traité des vertus*, Jacques Lacan, grand artisan du « retour à Freud », Roland Barthes, maître des études sémiologiques, Guy Debord, le situationniste de la « société du spectacle », Paul Ricœur, qui tenta de rapprocher philosophie continentale et philosophie analytique, Pierre Bourdieu, qui renouvela le champ de la recherche en sociologie…

La liste est évidemment non limitative. Chacun constituera la sienne. Si je n'avais écouté que ma préférence, j'aurais ajouté ceux qui furent effectivement mes maîtres et m'ont honoré de leur amitié : Jean-Toussaint Desanti, dont le travail sur *Les Idéalités mathématiques* demeure essentiel, Georges Dumézil, qui incarne le génie du comparatisme, Pierre Hadot, qui a fait revenir de l'Antiquité l'idée que la philosophie est manière de vivre. Mais c'eût été faire un autre livre, avec d'autres intentions.

On demandera aussi : pourquoi l'absence de femmes ? Hannah Arendt est ici la seule. Une femme, dix-neuf hommes… vous n'avez pas honte ? Eh bien, non. Car on peut consacrer tout un volume, et même des livres innombrables, aux femmes de pensée du XXe siècle. Ce ne sont pas les génies féminins qui manquent : Arendt y serait abondamment entourée. Notamment par Simone Weil, dont les *Œuvres complètes* – en 17 volumes – sont en cours de publication, Simone de Beauvoir, dont *Le Deuxième Sexe* a marqué le siècle, Margaret Mead, qui a renouvelé l'anthropologie, Melanie Klein qui a renouvelé la théorie psychanalytique, Elizabeth

Anscombe, qui a travaillé dans le sillage de Wittgenstein et dont le rigorisme moral fait scandale, Judith Butler, figure majeure des *gender studies* interrogeant notamment la sexuation des discours. Entre autres, une fois encore.

Cela dit, il n'y a pas à souhaiter l'omniprésence d'une politique des quotas. Il y a de multiples domaines où la parité entre hommes et femmes peut être rendue obligatoire, et où l'égalité (en particulier des salaires et des carrières) doit être imposée. Mais il ne paraît en aucune manière souhaitable que tout livre, colloque ou débat doive être obligatoirement conçu en se demandant, à l'avance, « quel pourcentage de femmes ? ».

Mieux vaut rappeler l'intention première de ce livre. Elle est modeste. Il ne s'agit nullement d'un panorama complet des penseurs contemporains, ni d'une histoire des idées du XXe siècle. L'objectif est plus simple et plus limité : faciliter l'accès d'œuvres contemporaines majeures à des lecteurs non spécialistes. Les informer sur quelques points essentiels, les inciter à poursuivre la découverte par eux-mêmes. Le faire sans sectarisme ni pédanterie, sans trop d'approximation ni d'erreur. Ni plus ni moins.

C'est donc un livre pour débutants, jeunes ou moins jeunes. C'est pourquoi sont laissés de côté les commentaires de détail. Je n'ai rien repris non plus des entretiens que j'ai conduits au fil des ans, notamment avec Michel Foucault, Claude Lévi-Strauss, Emmanuel Levinas, Jacques Derrida ou Jürgen Habermas. Ces textes ont été publiés dans la presse, et certains repris dans des livres, ils n'avaient donc pas leur place ici. En revanche – j'ai puisé librement dans la collection de mes articles du *Monde* et du *Point* – certains ont été revus, réécrits, recoupés et réagencés selon une autre économie.

Aller ou non à la poste

De ce parcours, quelle ultime leçon tirer ? Elle sera schématique, elle aussi. C'est volontaire, et indispensable pour rester simple. Ce n'est pas néfaste, si l'on se souvient qu'existe cette simplification.

Ce qui départage les penseurs du XXe siècle, en fin de compte, c'est leur attitude envers la vérité. Il s'agit pour les uns de la chercher, la construire, la clarifier. Et pour d'autres de la soupçonner, la déconstruire, la compliquer. En précisant qu'il ne faudrait surtout pas imaginer « la vérité » comme une réalité mystérieuse, évanescente et indéfinissable. C'est une propriété très commune de nos phrases, nos idées, nos actions.

Si je demande à quelqu'un, dans un village ou un quartier que je ne connais pas, le chemin pour aller à la poste, je compte de sa part sur une réponse vraie. En l'occurrence, je souhaite que sa réponse me permette effectivement d'aller à la poste. Le mensonge, ou l'erreur, ce seront les réponses qui m'égarent, me conduisent ailleurs. Cet exemple élémentaire peut permettre de répartir les penseurs en deux groupes.

Le premier groupe est convaincu que le travail de la pensée est d'établir les plans les plus clairs pour obtenir les indications les plus fiables. La question « comment va-t-on à la poste ? » a un sens. Elle admet une réponse vraie, ou même plusieurs. Certains chemins seront plus courts, ou plus rapides, ou mieux adaptés selon que je suis à pied, en vélo ou en voiture. On peut aussi vérifier qu'il y a bien une poste à proximité, que les habitants comprennent la langue que je parle, etc. Avec toutes ces questions à résoudre, trouver la poste demeure possible.

Le second groupe, au contraire, met en cause la validité même de la question et des réponses. De son point de vue, le monde est un récit, la vérité est une phrase de ce récit, qui exige d'être interprétée, examinée, disséquée sans fin. Rien n'indique, somme toute, qu'il y ait réellement une poste et des itinéraires. Il n'existe que des fables et des romans où des personnages demandent leur chemin, où d'autres répondent, mais il faut toujours se demander dans quelles circonstances, selon quel contexte. Il faudra aussi tenir compte de l'histoire des relations postales, des motivations innombrables et diverses pour envoyer une lettre, de la représentation du destinataire que se fait l'expéditeur…

Sans méconnaître l'importance des récits, la complexité de l'usage des mots et les incertitudes des repérages humains, je n'en appartiens pas moins, pour ma part, au groupe de ceux qui demeurent convaincus qu'il y a des bureaux de poste et des chemins pour s'y rendre.

Ensuite ?

La pensée ne se découpe pas à raison d'une tranche par siècle, cela va de soi. Depuis les années 1980, deux mutations, d'abord discrètes, n'ont fait que s'amplifier. Elles semblent marquer le XXIe siècle commençant, et annoncent sans doute de nouvelles transformations.

La première de ces ruptures est le retour à la préoccupation antique de la philosophie comme manière de vivre. Dans les années 1970, le bonheur n'était pas considéré, de manière générale, comme une question philosophique. Il est aujourd'hui au centre des préoccupations d'une bonne partie des penseurs. Personne ne prenait au sérieux la phrase de Sénèque : « La philosophie enseigne à faire, non à dire. » À présent, cette formule est redevenue parlante.

Il s'agit là d'une transformation profonde, dont causes et conséquences, chances nouvelles ou effets pervers sont encore loin d'être tous visibles. En tout cas, elle appartient au paysage du XXIe siècle, de même que l'ouverture de la pensée philosophique à des notions et des œuvres venues de langues et de cultures non-occidentales.

C'est en effet l'autre grand changement en cours. Longtemps, le domaine légitime de la philosophie est demeuré limité aux pourtours du bassin méditerranéen, aux langues européennes et aux conceptions occidentales. Cette clôture est en train de se défaire. Des chercheurs prennent en compte, d'un point de vue philosophique, les traités rédigés en sanskrit, en chinois, en tibétain, en japonais, en arabe, en persan, en hébreu. Les cas de figure sont multiples et dissemblables, mais ont en commun de déboucher sur des paysages intellectuels nouveaux.

À la confrontation avec ces savoirs lettrés provenant de cultures pourvues de bibliothèques, il faut prévoir que vienne s'ajouter un jour celle avec la pensée mythique, dont Lévi-Strauss a montré la complexité et la sophistication. Alors l'héritage de peuples sans écriture (amérindiens, africains, asiatiques) se comparera lui aussi à nos modes de raisonnement.

Il se pourrait bien que ce bouleversement s'intensifie au cours du siècle qui vient. Peuvent y contribuer notamment la globalisation des moyens de communication, la construction d'un monde multipolaire, la nécessité croissante d'élaborer une pensée de la Terre, des relations de l'homme aux autres espèces, le besoin de réfléchir autrement aux places respectives des humains et des techniques.

Aucun de ces développements n'est assuré. Les aventures de la vérité se poursuivent. Histoire ouverte.

Lectures complémentaires

Ceux qui souhaiteraient compléter leurs informations sur l'histoire de la philosophie contemporaine peuvent consulter :

Histoire de la philosophie au XXe siècle, de Christian Delacampagne (Seuil, 1998).

La Philosophie en France au XXe siècle. Moments, de Frédéric Worms (Gallimard, « Folio », 2009).

Remerciements

Je tiens à remercier Michèle Bajau pour l'aide efficace qu'elle m'a apportée dans la saisie du manuscrit.

Ce livre n'aurait pu être mené à bien sans la patience et l'attention constante de ma compagne, Monique Atlan – cent-unième motif de gratitude.

Index

Table

DU MÊME AUTEUR

(www.rpdroit.com)

ENQUÊTES PHILOSOPHIQUES

L'Oubli de l'Inde. Une amnésie philosophique, PUF, 1989. Nouvelle édition revue et corrigée, Le Livre de poche, « Biblio-Essais », 1992. Réédition Points Essais, Seuil, 2004.

Le Culte du Néant. Les philosophes et le Bouddha, Seuil, 1997. Réédition poche Points Essais, Seuil, 2004.

Généalogie des barbares, Odile Jacob, 2007.

Les Héros de la sagesse, Plon, 2009.

Le Silence du Bouddha, Hermann, 2010.

EXPLICATIONS PHILOSOPHIQUES

La Compagnie des philosophes, Odile Jacob, 1998. Réédition Poche Odile Jacob, 2002. Bibliothèque Odile Jacob, 2010.

La Compagnie des contemporains. Rencontres avec des penseurs d'aujourd'hui, Odile Jacob, 2002.

Les Religions expliquées à ma fille, Seuil, 2000.

La Philosophie expliquée à ma fille, Seuil, 2004.

L'Occident expliqué à tout le monde, Seuil, 2008.

L'Éthique expliquée à tout le monde, Seuil, 2009.

Une brève histoire de la philosophie, Grand Prix du Livre des professeurs et maîtres de conférences de Sciences-Po 2009, Flammarion, 2008. Réédition « Champs », 2011.

Osez parler philo avec vos enfants, Bayard, 2010.

Vivre aujourd'hui avec Socrate, Épicure et tous les autres, Odile Jacob, 2010.

EXPÉRIENCES ET CONTES PHILOSOPHIQUES

101 Expériences de philosophie quotidienne, Prix de l'essai France-Télévision 2001, Odile Jacob, 2001. Réédition Poche Odile Jacob, 2003.

Dernières Nouvelles des choses. Une expérience philosophique. Odile Jacob, 2003. Réédition Poche Odile Jacob, 2005.

Votre vie sera parfaite. Gourous et charlatans. Odile Jacob, 2005.

Un si léger cauchemar (fiction), Flammarion, 2007.

Où sont les ânes au Mali ? Seuil, 2008.

Ouvrages en collaboration

La Chasse au bonheur, avec Antoine Gallien, Calmann-Lévy, 1972.

La Réalité sexuelle. Enquête sur la misère sexuelle en France, avec Antoine Gallien, Préface du Dr Pierre Simon, Robert Laffont, 1974.

Philosophie, France, XIXe siècle. Écrits et opuscules, avec Stéphane Douailler et Patrice Vermeren, Le Livre de poche, « Classiques de la philosophie », 1994.

Des idées qui viennent, avec Dan Sperber, Odile Jacob, 1999.

Le Clonage humain, avec Henri Atlan, Marc Augé, Mireille Delmas-Marty, Nadine Fresco, Seuil, 1999.

La liberté nous aime encore, avec Dominique Desanti et Jean-Toussaint Desanti, Odile Jacob, 2002. Réédition Poche Odile Jacob, 2004.

Fous comme des sages. Scènes grecques et romaines, avec Jean-Philippe de Tonnac, Seuil, 2002. Réédition Points Seuil, 2006.

Michel Foucault, entretiens, Odile Jacob, 2004.

Chemins qui mènent ailleurs. Dialogues philosophiques, avec Henri Atlan, Stock, 2005.

Vivre toujours plus ? avec Axel Kahn, Bayard, 2008.

Philosophies d'ailleurs (2 volumes), Hermann, 2009.

Le Banquier et le Philosophe, avec François Henrot, Plon, 2010.

Composition et mise en page

NORD COMPO
multimédia

Achevé d'imprimer en janvier 2011
par Normandie Roto Impression s.a.s.
61250 Lonrai
N° d'impression : 110268
N° d'édition : L.01EHBN000351.N001
Dépôt légal : février 2011

Imprimé en France